Karin Jörger

Möchtest du fliegen, Mari-Luis?

novum pro

www.novumverlag.com

Bibliografische Information
der Deutschen Nationalbibliothek:

Die Deutsche Nationalbibliothek
verzeichnet diese Publikation in
der Deutschen Nationalbibliografie.
Detaillierte bibliografische Daten
sind im Internet über
http://www.d-nb.de abrufbar.

Alle Rechte der Verbreitung,
auch durch Film, Funk und Fernsehen,
fotomechanische Wiedergabe,
Tonträger, elektronische Datenträger
und auszugsweisen Nachdruck,
sind vorbehalten.

© 2021 novum Verlag

ISBN 978-3-99107-373-4
Lektorat: LSM
Umschlagfotos: Valiva, Roystudio,
Tracy Whiteside | Dreamstime.com
Umschlaggestaltung, Layout & Satz:
novum Verlag

Gedruckt in der Europäischen Union
auf umweltfreundlichem, chlor- und
säurefrei gebleichtem Papier.

www.novumverlag.com

2018

Prolog

Ich stehe mitten unter der munter schwatzenden Menschenmenge vor der Mühle zur Taa, die einst die Mühle zu Zwyselen genannt wurde.

Die Leute halten Teller mit Kuchen in den Händen und geniessen die letzten warmen Sonnenstrahlen in diesem Herbst. Es wird irgendein Fest gefeiert. Ich habe vergessen, um welches es sich dieses Mal handelt, denn es werden hier auf der Mühle so viele Feste gefeiert, dass ich den Überblick schon lange verloren habe. Trotzdem besuche ich jeden dieser Anlässe, denn ich mische mich gern unter die Gäste, lausche ihren Gesprächen und dem Gelächter, das mal hier und mal da aufflackert und wieder erlischt.

Verstohlen beobachte ich einen Mann, der sich schon den dritten Teller mit Süßem vollgehäuft hat und nun mit Genuss in den cremigen Kuchen beisst. Da höre ich es plötzlich ganz deutlich: Kinderlachen!

Kann das wirklich sein? Ich lausche, und tatsächlich! Da ist es wieder! Unverkennbar.

Ein freudiger Schauer rieselt mir den Rücken hinunter. Ich bin ganz sicher: Es ist das Lachen meiner Johanna.

Aufgeregt dränge ich mich durch die Menschen, an dem kuchenessenden Mann vorbei, auf der Spur des Lachens, das mir erneut entgegenperlt.

Endlich habe ich mich aus dem Gewühl hervorgekämpft, stehe am Rande des Vorplatzes, und da sehe ich sie.

Sie ist es! Meine kleine Johanna!

Auf kurzen Beinchen springt sie am Bach entlang dem Wald zu. Ihre blonden Locken, den meinen so ähnlich, glänzen in der milden Herbstsonne wie geschmolzenes Gold.

Wie ausgelassen sie ist. Übermütig schlägt sie Haken, um dem größeren Mädchen zu entkommen, das sie einzufangen versucht.

Tränen der Freude steigen mir in die Augen. So lange habe ich nach ihr gesucht, nach ihr gerufen! Und nun endlich, endlich ist sie hier.

Versunken in ihren Anblick stehe ich einfach nur da und schaue ihr zu. Wie hübsch und wie groß sie geworden ist! Sie wirft Steine und klei-

ne Zweige in den Bach und ihr heiteres Lachen umweht mich wie ein lauer Frühlingswind.

„Jana, schau, eine Schnecke!" Die fremde Stimme reißt mich aus meinem Bann. Erst jetzt sehe ich die Frau, die ganz offensichtlich die beiden Mädchen begleitet. In der einen Hand hält sie einen Strauss voller Herbstblätter, rote und goldene, mit der anderen zeigt sie auf den Weg vor sich.

Johanna lässt den Zweig fallen, den sie noch in der Hand gehalten hat und hüpft zu der Frau hinüber, wobei ihr das größere Mädchen folgt, als müsste es darauf achten, dass Johanna nicht stürzt.

Drei Haarschöpfe beugen sich über die Schnecke, die, bedächtig und gleichgültig über dieses plötzliche Interesse, ihr schweres Haus über den Weg schleppt.

Johanna bestaunt die langen Fühler und klopft dann frech auf das Schneckenhaus. Hell lacht sie auf, als das Tierchen sich blitzschnell zurückzieht.

„Du hast sie erschreckt, Jana", lacht die Frau.

„Sie heisst Johanna", rufe ich empört. Ich mag es nicht, wenn Namen abgekürzt werden.

Jeder Name birgt sein eigenes Geheimnis und Johanna hat einen starken Namen bekommen, den stärksten, den ich kenne, denn sie ist benannt nach der außergewöhnlichsten Frau, von der ich je gehört habe. Mein geliebter Bruder Hermann hat von ihr erzählt. Johanna von Orléans konnte mit Heiligen und Engeln sprechen, die niemand sonst sah. Seite an Seite mit den Männern war sie mit Schwert und Rüstung in den Krieg gezogen, um ihr Land zu retten. Und meine Johanna, das weiß ich ganz sicher, wird eines Tages genauso aussergewöhnlich sein.

„Johanna, komm her zu mir!", rufe ich.

Im Gegensatz zu den beiden Kindern, die bereits wieder Fangen spielen, scheint die Frau mich gehört zu haben. Sie blickt hoch zur Mühle. „Na los, ihr beiden, lasst uns zurückgehen, es wird langsam kühl."

Johanna springt voraus. Ihre Locken tanzen um ihr hübsches Gesicht. Ich stehe auf dem Vorplatz der Mühle. Johanna hüpft auf mich zu und winkt, als sie mich sieht.

„Mami", ruft sie.

Mein Herz schlägt aufgeregt und wild. Freudig gehe ich in die Knie, breite die Arme weit aus. Jetzt, da mir Johanna so nah ist, kann ich es kaum erwarten, sie an mich zu drücken und mein Gesicht in ihren Haaren zu vergraben.

Sie lacht. Ihre Wangen sind rot, ihre Nasenspitze auch. Sie ist fast ganz bei mir. Sie hüpft und hüpft. Ihre grauen Augen tauchen erst in meine und dann durch mich hindurch, und schmerzhaft wird mir bewusst, dass sie mich nicht sieht. Sie hüpft mitten in die Arme einer jungen Frau hinter mir, die sie lachend hochhebt und herumwirbelt.

Mir wird übel. Alles dreht sich und dann falle ich in tiefste Schwärze.

Als ich wieder zu mir komme, bin ich oben bei der Treppe, die zur Schlafkammer hinaufführt. Seit es auf der Mühle gebrannt hat, steht nur noch dieses eine kleine Haus, in dem nun ein Fest nach dem andern gefeiert wird.

Die Leute, die fröhlich schwatzend in der gemütlichen Stube unten sitzen, beachte ich gar nicht. Ich habe nur Augen für meine Johanna.

Sie steht auf einer der Treppenstufen.

Ich kann es noch gar nicht richtig fassen. Nach all dem Suchen habe ich sie tatsächlich gefunden.

Endlich ist sie zu mir zurückgekommen.

Jetzt wird alles gut.

Ihre Augen leuchten und ihre Wangen sind leicht gerötet. Eine Frau sitzt auf der Treppe, gleich neben Johanna und spielt mit ihr „Ich wasche deine Hände, du wäschst meine Hände". Ein kindliches Spiel, das die beiden gerade erst erfunden haben. Sie reiben sich gegenseitig die Hände, als würden sie sie waschen.

Ich bade förmlich in Johannas Lachen. Überall hätte ich dieses Lachen herausgehört. Überall! Mein Herz fließt über vor Liebe.

Da, mit einem Mal, wird mir klar, es ist bereits dunkel.

Was bin ich nur für eine liederliche Mutter! Johanna sollte schon längst im Bett sein und sich ausruhen. Und ich werde die ganze Nacht an ihrem Bett Wache halten und ihr liebes Gesicht betrachten.

„Johanna", rufe ich, „es ist Zeit zum Schlafen. Verabschiede dich und komm zu mir!"

Sie spielt unbekümmert weiter. Offenbar hat sie mich in all dem Trubel, den die feiernden Menschen machen, nicht gehört. Ich gehe ein paar Schritte die Treppe hinunter. „Komm, Johanna!", sage ich. Lauter dies-

mal. Trotzdem reagiert sie noch immer nicht. Es scheint, als würde sie nicht zu Bett gehen wollen, solange noch Gäste im Haus sind.

Aber sie braucht doch ihren Schlaf.

Ich knie mich neben sie auf die Treppe und lege ihr die Hand auf den Rücken.

„Johanna", sage ich ein drittes Mal und diesmal hat sie mich gehört. Sie blickt auf. Erschrecken liegt in ihren schönen, grauen Augen. Sie macht unwillkürlich einen Schritt zurück, weg von mir, und purzelt die Treppe hinunter.

„Mami!", weint sie.

Sofort bin ich bei ihr, um sie aufzuheben und zu trösten. In meinen Armen wird sie sich schnell beruhigen.

Doch da sind andere Arme, andere Hände.

Meine Johanna klammert sich an eine Frau, die ihr tröstend über die Haare streicht und sie auf die Wange küsst. Ich erkenne diese Frau. Es ist dieselbe, auf die Johanna zugehüpft ist, als ich sie auffangen wollte.

Es macht mich unendlich traurig, dass sich Johanna nicht von mir, ihrer Mutter, trösten lassen will.

„Wo hat es weh getan?", höre ich die Frau fragen.

„Da", weint Johanna und legt sich ihr kleines Händchen auf den Rücken. Genau dort, wo ich sie mit meiner Hand berührt habe.

Ein eisiger Schmerz packt mich. Habe ich Johanna wirklich weh getan? Das wollte ich nicht und würde ich nie tun! Alles verschwimmt vor meinen Augen.

Ich wirble herum und fliehe. Weg von den fröhlichen Leuten, weg vom Licht, hinein in die Dunkelheit.

Eine orange Herbstsonne klettert eben über den Horizont und wirft die ersten Strahlen des Tages hinunter ins kleine Tobel, als ich mich aus der schützenden Dunkelheit hervorwage.

In der Mühle ist es noch still. Nur eine Frau ist wach. Sie räumt die Tische ab und macht sauber.

Ich erkenne sie. Es ist die Frau, die mit Johanna unten am Bach gewesen ist und Blätter gesammelt hat.

Ich stelle mich neben sie und frage, wo Johanna ist, obwohl ich ja weiß, dass sie mich nicht wahrnehmen wird.

Doch erstaunlicherweise hebt sie den Kopf von der Pfanne, die sie gerade abwäscht, und schaut mich an. Auch sie erschrickt. Allerdings nicht ängstlich, so wie Johanna erschrocken ist, eher verwundert.

„Ich dachte, da wäre jemand", sagt sie wie zu sich selbst.

Ob sie mich tatsächlich sieht? Noch einmal frage ich: „Wo ist Johanna?"

Die Frau lächelt. „Also doch! Ich habe Besuch."

Freudig überrascht frage ich: „Kannst du mich sehen?"

„Ich höre dich", sagt die Frau.

Es ist unglaublich! Da ist wirklich ein Mensch, der mit mir spricht!

„Ich suche Johanna", sage ich.

„Johanna?"

„Eben war sie noch da, aber jetzt finde ich sie nicht mehr."

„Wer ist Johanna?", fragt die Frau.

„Mein Kind", antworte ich mit einem Schluchzen im Hals. Ein tiefer Schmerz drückt mir aufs Herz.

Die Frau trocknet ihre Hände an einem Tuch ab. „Willst du mir von deinem Kind erzählen? Vielleicht kann ich dir dann bei der Suche helfen."

Meint sie das ernst? Ob ich ihr glauben kann? Ein bisschen erinnert sie mich an Klara, was mich Vertrauen fassen lässt.

„Johanna hat goldene Locken und graue Augen und ein unverkennbares Lachen. Und sie war hier auf der Treppe", beginne ich und spüre Freude in mir aufsteigen. Es ist so wunderbar, über Johanna zu reden.

„Deine Johanna scheint ein hübsches Kind zu sein", lächelt die Frau, „und einen schönen Namen hat sie auch."

„Es ist ein starker Name, denn sie ist stark. Nicht so wie ich. Johanna lässt sich nicht unterkriegen!"

Die Frau setzt sich auf einen Stuhl. „Hast du dich unterkriegen lassen?", will sie wissen.

Ich nicke. Die Freude ist weg, und wieder schnürt sich mir das Herz zu. „Keiner darf Johanna weh tun!", sage ich bestimmt, nachdem ich ein paarmal tief Luft geholt habe.

„Das will bestimmt niemand!" Die Frau nickt zustimmend, dann fährt sie fort: „Nun hast du mich aber neugierig gemacht. Gerne würde ich deine und die Geschichte deiner Johanna hören. Willst du sie mir erzählen?"

„Wieso willst du meine Geschichte hören?", frage ich verwundert.

„Nun, weißt du, ich bin eine Geschichtensammlerin."
„Und was tust du mit den Geschichten, die du gesammelt hast?"
„Ich schreibe sie auf", antwortet sie.
„Du schreibst sie auf? In ein Buch?"
Sie nickt erneut.
„In ein richtiges Buch, das man lesen kann?", frage ich erstaunt nach.
„So wie die Bücher, die Hermann gelesen hat?"
„In ein richtiges Buch", bestätigt die Geschichtensammlerin.
„Ich habe aber keine großen Abenteuer bestritten und keine Heldentaten vollbracht wie Johanna von Orléans", sage ich leise.
„Mich faszinieren die stillen Geschichten mehr", meint sie schlicht.
„Ich glaube kaum", wende ich ein, „dass irgendjemand mein Leben spannend finden könnte."
„Ich schon."
„Was willst du denn hören?", frage ich skeptisch.
„Alles, was du mir anvertrauen willst."
Wir bleiben beide eine Weile still. Erinnerungen stürzen auf mich ein. Erinnerungen an meine Brüder, an Verzweiflung, Mutter und den Balz. An Johanna und ans Fliegen.
Leise frage ich: „Gleich hier?"
„Wenn du magst, gerne. Ich habe Zeit!", erwidert die Geschichtensammlerin mit einem leichten Schulterzucken. „Und du bestimmt auch."
Zeit? Ich weiß schon lange nicht mehr, was Zeit ist.
Sie lächelt mir aufmunternd zu.

Also fasse ich mir ein Herz und beginne zu erzählen ...

IM JAHRE DES HERRN 1790

Vorfreude

Die zur Hälfte geschälte Kartoffel rutschte aus meinen kleinen Händen. Sie kullerte über den Tisch und fiel, noch bevor ich sie zu fassen bekam, mit einem nassen Klatschen auf den Boden und verschwand unter dem Schrank.

Ängstlich blickte ich zu Mutter hinüber. Ob sie mein Missgeschick bemerkt hatte? Denn dafür würde sie mich bestimmt bestrafen. Sie stand am Herdfeuer, den großen, breiten Rücken mir zugewandt, und schien nichts Verdächtiges gesehen oder gehört zu haben. Ihre mächtigen Hände, die nicht nur bei der Arbeit hart zupacken konnten, waren weiterhin mit dem Umrühren im Topf beschäftigt.

Ich konnte es also wagen. Hastig und so leise wie möglich kletterte ich vom Hocker und legte mich vor dem schweren Küchenschrank flach auf den Bauch. Ich musste meinen ganzen Arm unter das Möbel schieben, bis ich die verlorene Kartoffel zu fassen bekam.

Erleichtert richtete ich mich wieder auf und zuckte erschrocken zurück. Wie ein riesiger Berg stand Mutter vor mir, die Hände wütend in die Seite gestemmt.

Instinktiv zog ich den Kopf ein. Gleich würde sie mich schlagen.

„Luisli", donnerte Mutter, „was tust du hier unten? Bist du zu dumm, um ein paar Kartoffeln zu schälen?"

Ich heiße Mari-Luis, dachte ich, nicht Luisli.

„Es ist unfassbar, aber es gibt wirklich keine faulere Göre als dich!", zeterte Mutter weiter. „Jeder andere wäre schon längst fertig, aber du kriechst lieber auf dem Boden herum, statt deine Arbeit zu tun."

Jedes Mal, wenn Mutter mit mir schimpfte, flogen meine Gedanken weg. Nur so konnte ich die Angst, die ich vor Mutter hatte und die mich wegzuspülen drohte, wenigstens ein bisschen zurückdrängen.

Ich heiße nicht Luisli, ich bin Mari-Luis ... Mari-Luis ... Mari-Luis.

„Willst du Vater erklären, wenn er vom Feld kommt, warum er aufs Essen warten muss?"

Krampfhaft hielt ich den Blick auf die Kartoffel in meiner Hand gerichtet.

„Wie bitte?" Die Worte wurden von einem Schlag gegen die Schulter begleitet.

Es tat nicht sehr weh, aber es brachte meine Gedanken zurück. Angestrengt versuchte ich mich daran zu erinnern, was Mutter gefragt hatte. Ging es um Vater und das Essen und ums Warten?

Kaum merklich schüttelte ich den Kopf, die Augen fest auf die Kartoffel gerichtet.

Nicht Luisli, nicht Luisli. Mari-Luis ... Mari-Luis ... Mari-Luis ...

„Was hast du gesagt?", fauchte Mutter. „Ich habe dich nicht verstanden. Und sieh mich gefälligst an, wenn ich mit dir rede!"

Ich zwang mich, den Blick zu heben. „Nein, Mutter", flüsterte ich.

„Das hab ich mir schon gedacht." Unsanft stieß sie mich zum Tisch zurück, sodass ich mit dem Kopf an die Tischkante anstieß. Der Schmerz durchzuckte mich kurz. Ich drängte ihn weg und kletterte so schnell ich konnte auf den Hocker, während Mutter seufzte: „Heilige Mutter Gottes, warum hast du mich mit dieser faulen und dummen Göre bestraft? Was habe ich nur getan, um das zu verdienen?" Sie bekreuzigte sich und wandte sich wieder ihrem Topf über dem Feuer zu.

Mutter war eine fromme Frau, die gerne die Mutter Gottes anrief, wenn etwas nicht nach ihren Wünschen verlief. Schließlich betete sie morgens und abends den Rosenkranz. Das gab ihr das Recht, so fand sie, zumindest ein bisschen auf die Unterstützung der Mutter Gottes zählen zu dürfen.

In Windeseile schälte ich die Kartoffeln weiter, während ich unermüdlich meinen Namen in Gedanken wiederholte. Mari-Luis ... Mari-Luis, und gleichzeitig achtete ich sorgfältig darauf, dass mir keine Kartoffel mehr aus der Hand flutschte. Ich bezweifelte stark, bei einem erneuten Missgeschick noch einmal so glimpflich davonzukommen.

Kaum hatte ich die letzte Knolle kleingeschnitten, flog die Tür auf und mein Vater, dicht gefolgt von Jakob, meinem ältesten Bruder, kam in die Küche gestürmt.

„Frau", rief Vater, „richte die gute Stube her, fege den Hof und bring die Tische hinaus, der Balz ist auf dem Weg!"

Augenblicklich veränderte sich die Stimmung meiner Mutter. Nervös befingerte sie den dunklen Zopf, der in ihrem Nacken zu einem strengen Dutt aufgewickelt war. „Wann kommt er denn?" Ihre Stimme war plötzlich überraschend leise und verhalten.

„Heute Abend oder morgen früh", berichtete Vater.

„Schon heute?", rief Mutter aus und wurde ganz aufgeregt. „Heute ist aber Waschtag!"

„Dann beeil dich mit der Wäsche!", befahl Vater.

Der Balz war der fahrende Händler. Zweimal im Jahr kam er auf Vaters Hof mit einem riesigen Wagen voller Dinge, die er auf Tischen ausgebreitet zum Kauf anbot. Nachbarn und auch Leute aus Bütschwil, Mosnang und sogar noch weiter entfernten Dörfern strömten herbei, um zu schwatzen, zu schauen, zu kaufen und zu tauschen. Der ganze Hof glich dann einem Volksfest, und am Abend wurde zum Tanz aufgespielt.

Der Balz brachte Stoffballen, Töpfe, Schuhe, Werkzeuge und Garn, Hüte und duftende Seifen, Kerzen, exotische Gewürze, Öle und vieles andere mit, was das Herz begehrte. Er wusste auch Neuigkeiten zu berichten. Er brachte Kunde von neugeborenen Kindern, von Hochzeiten und Todesfällen und, hinter vorgehaltener Hand, auch von Skandalen und Schandtaten. Auch aus Wil und St. Gallen wusste er zu berichten, und sogar aus der großen, fernen Stadt Zürich brachte er Geschichten mit. Vor allem die Frauen hingen dann an seinen Lippen und wollten alles wissen über die feine Herrschaft aus der Stadt, die Perücken und Schnallenschuhe trug und den ganzen Tag lang feierte. Als Gegenleistung wollte der Balz alles über unsere Gegend wissen, und nur zu gern wurden ihm die Neuigkeiten aus dem unteren Toggenburg mitgeteilt.

Während Mutter nun ihre vor Vorfreude roten Wangen hinter einer Staubwolke von Mehl zu verbergen suchte, bettelte Jakob: „Bitte Vater, lasst uns ein neues Beil tauschen. Wir können es gut gebrauchen."

„Das ist überhaupt nicht nötig", würgte ihn Vater ab. „Schleif das alte, das tut's noch lange."

„Aber das alte nimmt doch Kurt. Und wenn ich auch eins habe, dann können wir zusammenarbeiten und sind schneller!" Er eilte hinter Vater her, der bereits wieder aus der Küche gestampft war. Ich hörte meinen Bruder noch sagen: „Vater, bitte! Ich habe zusätzlich fünf weitere Besen gebunden, die wir dem Balz anbieten können …"

Jakob war zwölf Jahre alt und nach Vater benannt. Abgesehen von den Tagen, die er in der Schule verbringen musste, arbeitete er mit Feuereifer auf Vaters Hof mit, der von allen der Erni-Hof genannt wurde. Er würde einmal das Gut übernehmen, so wie unser Vater es von seinem Vater übernommen hatte. Seit vielen Generationen gehörte dieser Hof einem Jakob Erni.

Mein Bruder wusste schon jetzt, was er alles ändern und neu anschaffen würde, wenn er erst der Besitzer wäre. Solange allerdings Vater auf dem Hof noch das Sagen hatte, wurden Jakobs Ideen nicht gewürdigt, was ihn zuweilen ziemlich wütend machte.

Ich kletterte vom Hocker hinunter und gab die Kartoffeln in den Topf über dem Feuer.

Mutter knetete bereits den ersten Teig. „Steh hier nicht faul herum!", herrschte sie mich an. „Du hast Vater gehört, der Balz ist vielleicht schon am Abend hier! Beeil dich! Hilf Klara bei der Wäsche, danach fegst du den Hof und dann hilfst du mir gefälligst beim Backen!"

Leise schlich ich mich aus der Küche. Ich war fünf Jahre alt und so lange ich denken konnte, hatte ich mich leise und unauffällig bewegt, stets darauf bedacht, keine Aufmerksamkeit auf mich zu lenken. Denn Aufmerksamkeit bedeutete nicht selten Schläge.

Aus dem Schornstein des Waschhäuschens stieg Rauch auf. Klara hatte wie üblich bereits im Morgengrauen mit der Wäsche begonnen.

Ich stieß die Tür auf, und heiße, feuchte Luft schlug mir entgegen. Das Waschhäuschen bestand nur aus einem einzigen Raum mit Steinboden. Im hinteren Teil brannte ein Feuer, über dem in einem riesigen Topf das Wasser heiß gemacht wurde. Klara stand in der Mitte des Raumes am Waschzuber. Die Ärmel hatte sie hochgekrempelt. Ihre Arme und ihr Gesicht waren rot vom heißen Wasserdampf, und Strähnen ihres dunklen, dichten Haares hatten sich aus dem Zopf gelöst und klebten ihr kringelnd an den Schläfen. Sie schrubbte die Wäsche auf dem Waschbrett, das im Zuber stand, und tauchte sie immer wieder ins Wasser.

Sie lächelte mir zu, als sie mich sah. „Na, du kleines Mäuschen, hat dich Mutter hergeschickt, um mir zu helfen?"

Klara war bei Weitem nicht das, was man eine schöne Frau nannte. Ihr Gesicht war ein bisschen zu platt, dafür die Nase etwas zu groß. Ihre Hüften waren breit, ihr Busen groß und ihre Hände von der Arbeit rot und rissig. Doch sie hatte stets ein Lächeln und ein gutes Wort für mich und nahm mir heimlich schwere Arbeit ab, wenn Mutter nicht in der Nähe war. Oft schon hatte ich mir gewünscht, sie wäre meine Mutter, denn immer war sie es gewesen, die mich nach Schlägen tröstend in die Arme genommen und mir nach Stürzen heilend auf die Schramme gepustet hatte.

Vor vielen Jahren war sie aus dem fernen Deutschland auf den Hof gekommen. Nie sprach sie über ihre Eltern oder Geschwister. Ich wusste nicht, ob sie überhaupt noch lebende Verwandte hatte, und insgeheim wünschte ich mir, sie hätte keine, damit sie nie um derentwillen von mir weggehen würde.

Ich nickte, um ihre Frage zu beantworten.

„Na, dann gieß noch etwas vom heißen Wasser nach", bat sie mich.

An der Wand neben der Feuerstelle hing eine große Schöpfkelle, mit der ich brodelndes Wasser zum Zuber tragen konnte.

„Vater erwartet den Balz heute oder morgen!", erzählte ich die eben gehörte Nachricht weiter, während ich die Schöpfkelle füllte.

Auch Klara freute sich über diese Kunde.

„Der Balz! Na, dann wollen wir uns sputen, kleine Maus."

„Ich muss noch den Hof fegen und danach Mutter helfen", klagte ich. Nur bei Klara getraute ich mich, zu jammern.

„Ja klar, musst du das", antwortete sie, „aber weißt du, was? Ich helfe dir."

„Wenn das Mutter sieht, schimpft sie mit mir", wagte ich zu bedenken, obwohl ich zu gerne Klaras Hilfe angenommen hätte.

„Nana, deine Mutter ist beschäftig mit Backen und später wird sie sich für den Besuch herausputzen. Sie hat keine Zeit, um nach dir zu schauen."

Klara lächelte mich an und ich lächelte erleichtert zurück.

Gemeinsam wrangen wir die saubere Wäsche aus. Die kleineren Stücke hängte ich hinterm Hof im Garten auf. Dafür hatte mir Klara eine Obstkiste bereitgestellt, auf die ich krabbeln und dadurch die untere Wäscheleine erreichen konnte.

Als die Wäsche an der Leine hing, holte ich meinen Besen aus dem Schuppen. Jakob hatte ihn mir gebunden, genau meiner Grösse entsprechend. Damit ging das Fegen des Hofs viel leichter als mit den großen Besen.

Der sogenannte Hof war umgeben vom Wohnhaus, dem Stall, der Scheune und dem Wäschehäuschen und war somit Dreh- und Angelpunkt von Vaters Bauerngut. Hier wurden Gäste begrüßt, die Pferde beschlagen und im Winter auch die Schweine geschlachtet. Er war so groß, dass bequem zwei Fuhrwerke aneinander vorbeikamen. In der Mitte stand der Brunnen, und zwei riesige, alte Nussbäume spendeten im Sommer Schatten und im Herbst neben reichem Nusssegen auch sehr viel Laub. Doch jetzt im Frühling leuchteten die jungen Blätter in einem zarten Rotgold.

Vater besaß den größten Bauernhof im unteren Toggenburg, was ihn privilegierte, den Balz zu empfangen. Ich freute mich auf die Tage, an denen der Balz hier war, denn dann waren Mutter und Vater zu beschäftigt, als dass sie auf mich achten konnten, und vor Gästen hielten sie sich mit Schlägen zurück.

Die Hälfte des Hofes war gefegt, als Hermann, mein zweitältester Bruder, herbeitrottete. Er war zwei Jahre jünger als Jakob, also zehn Jahre alt, während Wilhelm, mein jüngster Bruder, sieben war.

Hermann kam wieder einmal viel zu spät von der Schule nach Hause. Vermutlich hatte er über einem Buch die Zeit vergessen und es sich irgendwo neben dem Weg auf einem Stein gemütlich gemacht, um zu lesen. Selbst jetzt hatte er seine Nase in ein Buch gesteckt. Die anderen Schulbücher trug er, mit einem Gurt zusammengezurrt, über der Schulter.

Heimlich beneidete ich Hermann und Jakob darum, dass sie schon alt genug waren, um zur Schule gehen zu dürfen und so wenigstens für ein paar Stunden diesem Hof entfliehen konnten. Während Jakob die Schulstunden als notwendiges Übel ansah, ging der sonst eher schweigsame Hermann in der Schule auf. Er las alles, was er finden konnte, war wissbegierig und erzählte mir gerne von den Menschen und ihren Geschichten, die in seinen Büchern vorkamen.

Ich konnte kaum genug von Hermanns Geschichten hören. Vater jedoch war gar nicht begeistert, dass dieser Sohn so viel Zeit mit Lesen verbrachte und sogar den Wunsch äußerte, später einmal Arzt oder Lehrer zu werden.

Statt wie Jakob auf dem Hof mit anzupacken, stahl sich Hermann des Öfteren fort, um irgendwo unter einem Baum zu lesen. Bemerkte Vater das, so gab es zehn Hiebe mit dem Ledergurt. „Wozu ziehe ich dich groß und gebe auch noch gutes Geld dafür aus?", stieß er dann schnaufend hervor, während er sich seinen Gurt wieder um den Leib zurrte. „Hier auf dem Hof gibt es genug Arbeit für dich! Aber keine Sorge, ich prügle dir diese Flausen schon noch aus." Mit einer abschließenden Kopfnuss unterstützte er jeweils seine Worte, und Hermann versuchte, die Tränen zu verbergen, die ihm in den Augen standen.

Doch trotz Hieben und Tränen ließ Hermann nicht ab von seinen Büchern und las, wann immer er sich unbeobachtet fühlte.

Jetzt trottete er beinahe in mich hinein und erschrak, als er sah, dass er bereits zu Hause war. Hastig blickte er sich um, ob Vater oder Mutter in der Nähe waren, und ließ sein Buch eiligst unter dem Hemd verschwinden. Er lächelte mir kurz zu, strich mit seiner Hand abwesend durch sein dunkelbraunes, glattes Haar und verschwand im Wohnhaus.

Bald kam mir Klara zu Hilfe und es dauerte nicht lange, so war der Hof sauber und ordentlich. Wir stellten unsere Besen zurück in den Schuppen. Als wir in die Küche traten, saßen Vater, Mutter, meine Brüder sowie Kurt, der Knecht, bereits am Küchentisch, an dem leicht zehn Leute hätten Platz nehmen können.

Mutter stellte den Topf mit der Kartoffelsuppe in die Mitte und schöpfte unsere Schalen voll. Vater und Kurt bekamen außerdem noch ein Stück Wurst dazu.

„Schon wieder Kartoffelsuppe!", maulte Wilhelm, mein jüngster Bruder, was ihm eine Kopfnuss von Vater einbrachte und ihn sofort verstummen ließ.

Danach sprach Vater das Tischgebet und griff anschließend zum Löffel. Das war das Zeichen, dass wir mit dem Essen beginnen durften, und für uns Kinder hieß es, still zu sein und nicht aufzufallen.

„Beeilt euch!", hetzte Mutter uns, kaum hatten wir angefangen, „es muss noch viel getan werden, und schon in ein paar Stunden könnte der Balz hier sein!"

Als wir die Schalen mit einem Kanten Brot ausgerieben hatten, riss Mutter sie uns bereits wieder aus den Händen und scheuchte uns auf.

„Schon gut, schon gut, Annelies, Zeit, um hinunterzuschlucken wird ja wohl noch sein dürfen", sagte Vater.

„Und was werden die Leute sagen, wenn hier nicht Ordnung ist? Keine Kuchen, frisches Brot und ein Imbiss bereitstehen, wenn sie kommen? Manche haben einen weiten Weg und werden hungrig sein, vom Balz ganz zu schweigen!"

„Die Nachbarn werden erst morgen hier sein. Selbst wenn der Balz schon heute kommt."

„Siehst du!", ereiferte sich Mutter. „Du sagst es selbst. Der Balz kommt schon heute. Es muss also alles blitzen bis zum Abend. Geht! Die Arbeit tut sich nicht von allein!"

Vater gab seufzend nach. Er verließ mit Kurt und meinen Brüdern die Küche, und Mutter trieb Klara und mich zur Arbeit.

Schon bald duftete es wunderbar nach Kuchen und süßen Speisen. Auf dem Hof standen die Tische bereit. Die gute Stube war sauber und die Fenster geputzt.

Ich holte eben kleine Honigkuchen aus dem Ofenrohr, als mich Mutter anwies: „Luisli, miste den Hühnerstall, sobald du fertig bist!"

Der Tisch begann sich schon fast zu biegen unter der Last des Gebäcks, das sich darauf türmte. „Und Klara, du kommst hier alleine zurecht?" Mutter deutete auf den letzten Teig, der noch auf seine Verarbeitung wartete. Nervös befingerte sie schon wieder ihren Haarknoten.

„Na, bestimmt", antwortete Klara in ihrer gutmütigen Art, „geht nur, Frau Annelies."

Mutter rauschte davon.

„Wo geht sie denn hin?", fragte ich und fand noch ein kleines freies Plätzchen auf dem vollen Tisch für die Honigkuchen.

„Wohin wohl?" Wilhelm trat in die Küche. Frech stibitzte er sich einen heißen Honigkuchen und biss genüsslich hinein.

„Das darfst du nicht, wenn Mutter dich erwischt!" Erschrocken hielt ich nach ihr Ausschau.

Klara lachte. „Na, nur keine Angst. Das wird sie nicht! Nimm dir auch einen, kleines Mäuschen, es hat genug."

Ich schüttelte den Kopf. Das würde ich nicht wagen.

„Mutter hat anderes zu tun, als hinter uns herzujagen", mampfte Wilhelm mit vollem Mund.

„Was hat sie denn zu tun? Wir haben geputzt, und gebacken ist auch fast alles."

„Sie wird ihr schönstes Kleid hervorkramen, das Mieder enger schnüren, eine Sonntagsfrisur flechten und sich sogar die Augen mit Kohle anmalen." Wilhelm stolzierte in der Küche herum wie ein Pfau, befingerte seinen Hinterkopf, als hätte er statt seines blonden Stoppelhaares eine aufwändige Flechtfrisur und sprach mit hoher Stimme, indem er Mutters gekünstelte Art, mit Leuten von außerhalb zu reden, hervorragend nachmachte. „Herr Balz, wie schön, Euch auf unserem bescheidenen Hof begrüßen zu dürfen. Aber schaut Euch nicht zu genau um, die Zeit war etwas knapp, um alles sauber zu machen."

Klara lachte und antwortete mit tiefer Stimme, als wäre sie der Balz: „Wo denkt Ihr hin, holde Frau Annelies, es ist alles wie immer frisch und adrett, und Ihr selber seid wieder eine Augenweide!"

Sie griff nach Wilhelms Hand und hauchte einen Kuss darauf, während er verlegen zur Seite blickte. „Ich bitte Euch, Herr Balz!"

„Nur keine falsche Bescheidenheit, teuerste Frau Annelies! Auch Eure Frisur ist wieder ein Traum. Später werde ich Euch eine silberne Spange zeigen, die perfekt zu Eurem Haar passt. Als ich sie in der Stadt erworben habe, musste ich sofort an Euch denken, meine Liebe."

Die beiden lachten aus vollem Hals, und ich hielt erschrocken den Atem an. Wenn Mutter dieses Gelächter hörte, würde es Prügel geben.

„Seid leise!", bettelte ich inständig.

„Keine Angst, Luisli, sie hört uns nicht."

„Ich heiße Mari-Luis", erboste ich mich.

Klara drückte mir, noch immer lachend, einen Honigkuchen in die Hand und schob mich zur Küche hinaus. „Na geh schon, Mäuschen. Schau nach den Hühnern."

Der Balz

Vom Ausschanktisch her beobachtete ich die vielen Leute, die auf Vaters Hof gekommen waren, um beim Balz einzukaufen. Frauen schauten sich die bunten Stoffe an, schnupperten am Kölnischwasser und prüften die Qualität der Wolle. Männer standen in Gruppen zusammen, diskutierten über die Landwirtschaft und begutachteten die Werkzeuge.

Der Balz stand mitten unter den Leuten. Ich konnte mich zwar daran erinnern, dass er schon früher auf den Hof gekommen war, doch war ich damals noch zu klein gewesen, als dass er mir in Erinnerung geblieben wäre. Und darum kam es mir so vor, als sähe ich den Balz heute zum ersten Mal.

Kein anderer Mann, den ich kannte, strahlte etwas so Vornehmes aus wie der Balz.

Ob es an seinem leichten Kinnbart lag oder an dem dunklen Haar, das er mit einem roten Band, passend zu seinem eleganten Rock, im Nacken zusammengebunden hatte?

Er scherzte und lachte mit den Frauen, schlug den Männern freundschaftlich auf die Schulter, und aus den vielen Taschen seines Rocks zauberte er jeweils genau die Kleinigkeit, die seine Kundschaft begehrte. Ich konnte meinen Blick kaum von ihm abwenden.

Ununterbrochen lachte er und zeigte dabei so weiße und ebenmäßige Zähne, wie ich sie nie zuvor an irgendjemandem gesehen hatte.

„Na, Mäuschen", hörte ich Klara wie aus weiter Ferne sagen. „Diese Herrschaften haben Durst. Kannst du ihnen Most zapfen?"

Mit Mühe riss ich mich vom Anblick des Balz los und richtete meine Aufmerksamkeit auf den Ausschank.

Nur zu gut wusste Vater, wie man ein paar Heller nebenher verdienen konnte. Er hatte eines seiner Fässer mit gegorenem Saft angezapft, und Klara und ich verkauften nun Becher um Becher an die durstige Menge. Auch Mutters Kuchen und Brote fanden Anklang, und der Bestand davon war schon deutlich kleiner geworden.

„Kann ich dich einen Moment allein lassen?", fragte mich Klara. „Ich würde mir auch gerne die Auslage ansehen."

Kaum hatte sie sich unter die Leute gemischt, gesellte sich Jakob zu mir.

„Vater wird kein neues Beil besorgen", brummte er, „obwohl ich zusätzliche Besen gebunden habe. Doch die will er dem Balz zum Tausch gegen ein Fass Bier anbieten."

Ich sah meinen Bruder ratlos an.

„Als ob Bier wichtiger als ein Beil wäre." Jakob schlug seinen Fuß wütend gegen das Tischbein und zuckte zusammen.

„Wozu brauchst du denn ein neues Beil?"

„Weil dann Kurt und ich gemeinsam Bäume fällen und Holz hacken könnten. Das ginge viel schneller", antwortete Jakob und hopste auf einem Bein, während er den schmerzenden Zeh mit dem Finger rieb. „Aber Vater ist gegen jede Art von Veränderung. Vor allem, wenn sie etwas kostet." Er stellte seinen Fuß wieder ab, schaute zuerst an sich hinunter und deutete dann auf meine Füße. „Nicht einmal Schuhe haben wir! Dabei ist Vater der reichste Bauer in der Gegend."

„Für den Winter haben wir Schuhe", entgegnete ich.

„Und wann dürfen wir sie anziehen? Genau dann, wenn der Schnee kniehoch liegt. Im Herbst und im Frühling frieren wir uns die Füße ab, nur damit die Schuhe sich nicht abnutzen. Ich sage dir", stieß er hervor, wobei er den Zeigefinger hob, „sobald ich den Hof übernommen habe, werden wir auch im Sommer Schuhe tragen! Und wir werden einen ganzen Haufen Beile besitzen!"

Ein grelles Lachen ließ meinen Blick wieder zum Balz schnellen. Mutter stand neben ihm und hatte einen grässlichen gelben Hut aufgesetzt. Damit stolzierte sie vor dem Balz herum und stieß dazu dieses unnatürliche Lachen aus.

Der Balz tätschelte ihre Hand und sagte: „Der Hut steht Euch prächtig, liebe Frau Annelies, einfach prächtig. Wie für Euch geschaffen. Bereits als ich ihn eingekauft hatte, habe ich an Euch gedacht."

Mutters Wangen färbten sich rosa. Sie drückte dem Balz eine Münze in die Hand. Ich sah zu, wie er diese blitzschnell in einer seiner Rocktaschen verschwinden ließ.

„Niemals", flüsterte Jakob grimmig, ohne den Blick von Mutter zu wenden, „niemals wird sie diesen Hut tragen. Weder auf dem Hof noch bei der Arbeit und auch nicht zum Kirchgang."

„Wozu hat sie ihn dann gekauft?", flüsterte ich zurück. Ich konnte nicht verstehen, wie jemand Geld ausgab für etwas, das er gar nicht brauchte.

„Schau dir den Balz an", sagte Jakob, „er wickelt jede Frau um den Finger und erzählt ihr genau das, was sie hören will. Und dafür ist sie dann bereit, Dinge zu kaufen, die sie nicht braucht."

„Und wie macht er es bei den Männern?", fragte ich, begierig, mehr über den Balz zu erfahren.

„Die Männer?" Jakob sah mich erstaunt an. Dann schien er plötzlich einen Geistesblitz zu haben. „Luisli, du bist genial!", rief er aus, grinste plötzlich übers ganze Gesicht und verschwand in der Menschenmenge.

„Ich heiße Mari-Luis", murmelte ich vor mich hin, ein wenig enttäuscht, dass mir Jakob nicht mehr über den Balz verraten hatte. Mein Blick suchte wieder nach ihm.

Er verbeugte sich eben galant vor Mutter, und sie stolzierte mit ihrem neuerworbenen Hut davon, während er sich seiner nächsten Kundin zuwandte.

„Gnädige Frau", umschmeichelte er eine rundliche Nachbarin, „dieser Stoff steht Euch prächtig zu Gesicht. Wie für Euch geschaffen!"

Auch diese Frau fiel sofort auf die Schmeicheleien hinein. Sie ließ sich ein Stück von dem grünen Stoff einpacken und kicherte ununterbrochen. Ebenso andere, sonst sehr bodenständige Frauen wurden unter den Händen des Balz zu Wachs. Ich sah sie feine Schuhe kaufen, die beim ersten Tragen durch den Dreck der Straßen aufgeweicht sein würden, und teure Duftwasser, die auf einem Bauernhof nun wirklich keinen Sinn machten.

Der gutmütigen Klara tippte er an die grosse Nase und zog ein winziges Spitzentaschentuch hervor, das angeblich nur auf Klaras holdes Näschen gewartet hatte.

Leise kicherte ich, als sie sich, mit dem Taschentuch und um einige Heller leichter, wieder hinter den Schanktisch stellte.

Etwas später beobachtete ich Hermann, wie er an den Auslagen vorbeischlenderte. Versonnen berührte er hier ein Messer, dort einen ledernen Gürtel und ließ seine Hand gedankenverloren über ein paar gläserne Flaschen gleiten.

Als er an einen Tisch kam, auf dem ein paar Bücher lagen, war sein Interesse geweckt. Behutsam nahm er das oberste in die Hand und blätterte darin. Bald hatte er die Welt um sich herum vergessen. Vermutlich würde er erst dann aus dem Buch wieder auftauchen, wenn ihn jemand daran erinnerte, dass er es zuerst kaufen musste, bevor er es lesen durfte.

Es war nur so, dass wir Kinder vom Erni-Hof kein eigenes Geld besaßen, um irgendetwas zu kaufen. Erst recht nicht so etwas Teures wie ein Buch.

Plötzlich schoss Wilhelm aus dem Menschengewühl heraus, um den Schanktisch herum und stieß fast mit mir zusammen. Zuerst dachte ich, er sei völlig außer Atem, doch dann begriff ich, dass er kaum Luft bekam, weil er so lachte. Er griff nach meiner Hand und zerrte mich vom Schanktisch fort. „Komm, das musst du dir ansehen!"

Über die Schulter warf ich Klara einen entschuldigenden Blick zu, doch sie hielt sich das Spitzentaschentuch an die Nase und bemerkte gar nicht, dass ich sie alleine ließ.

Wilhelm zog mich durch das Gewirr der Leute, bis wir vor der hintersten Auslage zum Stehen kamen.

Mit dem Finger deutete er auf ein merkwürdiges Etwas, das auf einem kleinen Ständer auf dem Tisch stand.

Es sah aus wie ein Kopf aus Stoff. Zwar hatte dieser Kopf weder Augen noch einen Mund, dafür wurde er von einer unglaublichen Haarpracht umrahmt, wie ich sie noch nie gesehen hatte. Die silbergrauen Haare waren so enorm hochgesteckt, dass sie den Kopf fast doppelt so lang aussehen ließen. Und auf den

Seiten sowie hinten wallten sie in Zapfenlocken bis fast auf den Tisch hinunter.

Während ich das Ungetüm noch sprachlos bestaunte, zog Wilhelm frech eine der Locken lang und ließ sie wieder zurückschnellen.

Zuerst erschrak ich über seine Kühnheit, doch es sah so witzig aus, als die Locke wie eine Feder auf- und absprang, dass ich in Wilhelms Gekicher einfallen musste.

Kaum hatte sich das Haar beruhigt, zupfte Wilhelm bereits an der nächsten Locke und an noch einer und noch einer, bis es aussah, als würde der ganze Kopf tanzen.

Wir lachten laut, bis auf einmal eine wütende Stimme zu uns herüber donnerte: „Du frecher Bengel, wirst du wohl deine dreckigen Finger von dieser Kostbarkeit lassen!"

Das Lachen blieb mir im Hals stecken. Ich wirbelte herum.

Der Balz preschte auf uns zu.

„Was fällt dir ein, dieses Kleinod anzufassen!", schnaufte er, als er uns erreicht hatte und sich vor uns aufbaute.

Ängstlich blickte ich zu ihm auf.

Er war groß, größer als Vater. Seine Haltung strahlte Strenge aus und das Charmante, mit dem er die Frauen umgarnte, war verschwunden.

„Ich werde dir eine Tracht Prügel verpassen, wenn du diese Perücke beschädigt hast!", drohte er. „Und du wirst ihren Wert abarbeiten!" Mit bebenden Nasenflügeln beäugte er seinen Besitz von allen Seiten.

Bange hielt ich während dieser Prüfung den Atem an, doch Wilhelm ließ sich nicht einschüchtern. „Dieses Dingsda werdet Ihr niemals verkaufen!", behauptete er vorlaut. „Wer würde schon mit so etwas auf dem Kopf herumlaufen wollen?"

„Was zeigt, dass du nichts weiter als ein unwissender kleiner Bengel bist", schnappte der Balz. Er hob das ganze Teil hoch, um die Haarpracht auch von unten zu kontrollieren.

Zu meiner größten Erleichterung hatte er allem Anschein nach keinen Makel entdecken können, weshalb er es wieder sorgfältig auf dem Tisch platzierte. Danach richtete er sich erneut zu seiner beeindruckenden Größe auf und bedachte Wilhelm mit einem abschätzigen Blick.

„Ich erwarte ja nicht, dass du das verstehst. Aber das ist die neuste Mode! Die noblen Damen in der Stadt tragen alle solche Perücken!", erklärte er herablassend.

Ich konnte nicht anders, ich musste Wilhelm für seine Furchtlosigkeit bewundern. Ohne mit der Wimper zu zucken, hielt er dem Blick des Balz stand. Ich selber war da viel weniger mutig, denn als der Balz seine Aufmerksamkeit von Wilhelm weg mir zuwandte, drückte ich mich bebend an meinen Bruder.

„O ... là ... wen haben wir denn da?", rief der Balz aus. Sein zähneblitzendes Lachen kehrte schlagartig zurück. „Du bist ja ein ganz hübsches Kind! Wie heißt du denn?"

Sofort legte Wilhelm beschützend und auch ein wenig besitzergreifend den Arm um meine Schultern. „Das ist meine kleine Schwester, Luisli!"

„Mari-Luis", flüsterte ich kaum hörbar.

„Luisli, die lieber Mari-Luis genannt werden will!", fügte Wilhelm forsch hinzu. Er schien tatsächlich keine Angst vor dem Balz zu haben.

„Soso, das Luisli also", sagte der Balz. Er griff nach einem meiner Zöpfe.

Ich erstarrte und wusste nicht, was ich jetzt tun sollte.

„Was hast du nur für schönes Haar! So blond wie ein Weizenfeld, das von der Sonne geküsst wird!", sagte er schwärmerisch und schien völlig in den Anblick meines Zopfes versunken zu sein.

Ob er sich überlegte, daraus ebenfalls eine, wie hatte er sie genannt ..., Perücke zu machen?

Seine Hand glitt an meinem Zopf hinunter. Er kringelte die Locken unter dem Haarband um seine Finger.

Wilhelm zog mich einen Schritt vom Balz weg, sodass meine Haare aus seiner Hand fielen.

Der Balz hob den Kopf, als wäre er aus einem Traum erwacht, und suchte sich sein Lächeln zusammen. „Nun lauft und stellt keinen Unfug mehr an!", ermahnte er uns, und wir schauten, dass wir davonkamen.

Wilhelm war bald zwischen den Tischen verschwunden, während ich mir mühsam einen Weg durch die Menschen zurück zum Schanktisch bahnte.

Ich hielt nach Mutter Ausschau und entdeckte sie neben dem Herrn Pfarrer, etwas abseits der vielen Leute. Noch immer hatte sie ihren Hut auf dem Kopf und schien allem Anschein nach in ein angeregtes Gespräch vertieft.

Mit großer Erleichterung, dass sie meinen kleinen Ausflug nicht bemerkt hatte, stellte ich mich neben Klara, als sei ich nie weg gewesen.

An einem der Abende, die der Balz auf unserem Hof verbrachte, saßen Vater und er in der guten Stube.

Vater hatte Mutter angewiesen, ein besonders üppiges Mahl zuzubereiten, wobei sie bei dem Braten nicht sparen sollte. Auch Wein sollte sie auftragen, denn Vater wollte den Balz mit Wein und gutem Essen zu einem vorteilhaften Tauschhandel verleiten.

Vermutlich hoffte Mutter auf ein weiteres Kompliment ihres Gastes, denn sie hatte sich mit dem Kochen selbst übertroffen. Es duftete herrlich aus dem Suppentopf, und in der Küche standen schon der Braten, gespickt mit Frühlingszwiebeln, sowie der Reis mit eingelegten Pflaumen und Nüssen bereit.

Tatsächlich musste Mutter nicht lange auf Schmeicheleien warten, als sie den Suppentopf in die Stube trug.

„Liebste Frau Annelies, es ist für mich jedes Mal eine besondere Freude, bei Euch sein zu dürfen", hörte ich den Balz schwärmen, als ich Mutter mit dem Brotkorb folgte. „Niemand kocht besser als Ihr und dann auch noch Euer Anblick! Wie hübsch Ihr Euch herausgeputzt habt!"

Mutter setzte mit dem gleichen gezierten Getue, mit dem sie schon den Hut anprobiert hatte, den Topf auf den Tisch. Ich schob den Brotkorb auf den Tisch und musste mich dafür ziemlich strecken.

Der Balz bemerkte mich mit einem Ausruf des Erstaunens."O là là ... ist das nicht das hübsche kleine Fräulein Luisli?"

Ich erstarrte, als er mich ansprach. Würde er Vater und Mutter verraten, was Wilhelm mit der Perücke angestellt hatte? Das gäbe Schläge!

Aber Mutter kam dem Balz zuvor. „Macht Euch nicht die Mühe, mit ihr zu reden", sagte sie kühl. Alles Gezierte war mit einem Schlag von ihr abgefallen. „Das Luisli ist dumm und spricht nicht mit Fremden."

„Ich bin ja auch kein Fremder", entgegnete der Balz leichthin und zwinkerte mir zu.

Unfähig, irgendetwas zu sagen oder zu tun, stand ich nur da.

„Wir haben uns bereits kennengelernt, nicht wahr?", fuhr der Balz fort. „Komm her, Luisli! Ich habe auch was für dich."

Vater wurde ungeduldig. „Balz, nun lasst doch das Kind! Die Suppe wird noch kalt werden."

Doch der Balz scherte sich nicht darum, was Vater sagte. „Du bist ein besonders hübsches Ding", sagte er, „und in ein paar Jahren wird aus dir eine richtige Schönheit geworden sein!"

„Von Schönheit wird die Arbeit nicht getan!", brummte Mutter. „Setzt ihr keine Flausen in den Kopf, Balz, sonst wird sie nur noch fauler!"

Er lächelte mich an und winkte noch einmal. Ich wusste nicht, was ich tun sollte. Wenn ich zu ihm ginge, das war mir bewusst, würde Mutter wütend werden. Und trotzdem hätte ich zu gerne gewusst, was denn der Balz für mich hatte. Ich wagte einen Blick auf Vater. Wenn er einverstanden wäre, würde Mutter nichts mehr sagen.

Vater brummte etwas Unverständliches vor sich hin und machte eine ungeduldige Bewegung mit dem Kopf, was ich als widerwilliges Zugeständnis interpretierte.

Zaghaft trat ich näher.

„Wie alt bist du denn?" Der Balz lächelte und zeigte seine weißen, ebenmäßigen Zähne.

„Sie ist sieben und etwas zurückgeblieben", antwortete Mutter schnell. Vor Fremden machte sie mich stets älter, um meine angebliche Dummheit zu unterstützen. „Und sie sollte schon längst wieder in der Küche an der Arbeit sein! Das Essen kocht sich nicht von allein!"

„Lasst es gut sein, gnädige Frau Annelies", sagte der Balz beschwichtigend. „Die Kleine hat bestimmt nicht nur Eure Schönheit, sondern auch Euren Fleiß geerbt."

Mutter schien durch diese Worte ein bisschen besänftigt, und der Balz wandte sich wieder mir zu.

„Das ist für dich!" Er zog die Hand aus seiner Tasche und hielt mir die geschlossene Faust hin. Langsam drehte er sie um und öffnete sie geheimnisvoll.

Noch nie hatte ich etwas geschenkt bekommen, und die Freude blubberte in mir hoch, als ich gespannt auf seine ausgestreckte Hand spähte.

Etwas Glänzendes lag darin. Es war, nun, was war es? Es sah aus wie eine kleine, runde Masche. Und es glitzerte wie Sonnenstrahlen, die auf dem Wasser tanzen.

„Nimm es!" Er streckte mir seine Hand noch etwas näher hin. „Es ist nur für dich! Weißt du, was das ist?"

Ich schüttelte den Kopf.

„Pack es aus!", forderte er mich auf.

Behutsam nahm ich das Geschenk aus seiner Hand und wickelte das glitzernde Papier auf. Eine Kugel kam zum Vorschein, die sich etwas klebrig in meiner vor Aufregung feuchten Hand anfühlte.

„Die Franzosen nennen es ein Bonbon", erklärte er mir. „Diese köstliche Süssigkeit ist ganz aus Zucker. Sauge daran und zerbeiss sie nicht, damit du sie lange geniessen kannst!"

Fast tat es mir leid, diese Kugel zu essen. Doch wollte ich zu gerne erfahren, wie Zucker schmeckte.

Ich schob mir das Bonbon zwischen die Zähne und ließ die Zungenspitze sachte darüberfahren. Und tatsächlich, der Balz hatte nicht übertrieben. Eine herrliche Süße breitete sich in meinem Mund aus. So süß wie nichts sonst, was ich kannte.

Der Balz lachte über meinen erstaunten Gesichtsausdruck, und Vater brummte, jetzt sei es aber gut.

Mutter schob mich unsanft beiseite und begann, die Suppe in die Teller zu schöpfen, während ich an meinem Bonbon lutschend in die Küche zurückkehrte. Dort erwartete mich Jakob mit einem breiten Grinsen im Gesicht und einem funkelnagelneuen Beil in der Hand.

Ich schob das Bonbon mit der Zunge in die Backe und fragte staunend: „Wie hast du Vater dazu gebracht, es sich anders zu überlegen?" Sachte strich ich mit dem Finger über den feinen Holzstiel.

„Nicht Vater! Dem Balz habe ich gesagt, dass wir ein Beil gut gebrauchen könnten und er hat Vater überzeugt. Frag mich nicht wie, aber er hat es geschafft!", grinste Jakob schelmisch und mahnte mich dann: „Sei vorsichtig, es ist so scharf, es könnte dir deine kleinen Finger im Nu zerschneiden."

Sofort zog ich meine Hand zurück und grinste ebenfalls, allerdings hielt ich den Mund geschlossen, damit mir das süße Bonbon nicht hinausfallen konnte.

„Was hast du denn im Mund?", fragte Jakob.

„Ich habe auch etwas bekommen, und zwar vom Balz. Es ist ein ..." In diesem Moment durchfuhr mich ein scharfer Schmerz. Am Ohr wurde ich nach oben gerissen, bis ich nur noch auf den Zehenspitzen stand.

„Spuck es aus!", befahl Mutter und hielt mir die Hand unter das Kinn. „Sofort! Ich sage es nicht zweimal!"

Mein Ohr schmerzte wie wild und Tränen stiegen mir in die Augen. Gehorsam spuckte ich Mutter das Bonbon in die Hand.

„Du brauchst dich gar nicht erst an so ein Zuckerzeug zu gewöhnen!", sagte sie, ließ mein Ohr los und warf das Bonbon achtlos in den Schweinekübel. Mit blitzenden Augen wandte sie sich mir wieder zu, packte einen meiner Zöpfe und zerrte brutal daran. „Du hast mich sehr wütend gemacht!", fauchte sie. „Machst dem Balz schöne Augen, damit er dir etwas schenkt, und jetzt hälst du hier Maulaffen feil, statt zu arbeiten. Geh! Ich will dich nicht mehr sehen. Miste den Hühnerstall aus und wage ja nicht zurückzukommen, bevor er sauber ist!"

Ich floh aus der Küche.

Jakob hastete hinter mir her. „Luisli", rief er.

„Lass mich!" Ich rannte aus dem Haus. Tränen strömten mir über die Wangen. Das Ohr schmerzte, aber noch mehr schmerzte der Verlust meines Bonbons. Es war mein Geschenk gewesen. Nur für mich, hatte der Balz gesagt, und sie hatte es mir genommen.

Stolpernd überquerte ich den Hof, die Tränen machten mich blind. Ich strich sie mir aus den Augen, dabei spürte ich etwas in der Hand.

Es knisterte leise.

Das glänzende Bonbonpapier hatte ich die ganze Zeit nicht losgelassen. Ich faltete es auseinander, strich es liebevoll glatt. Wie herrlich es glitzerte! Wie wunderschön es anzusehen war!

Das wollte ich behalten. Es verstecken vor ihr. Und mich jedes Mal, wenn ich es sah, daran erinnern, dass der Balz mir, Mari-Luis, etwas geschenkt hatte. Sorgsam schob ich es in meine Schürzentasche.

Gleich nach dem Frühstück schleppte ich den Schweinekübel über den Hof.

Irgendwo da drin, dachte ich, ist mein Bonbon. Aufgelöst vermutlich, denn Mutter hatte Wasser in den Kübel geschüttet, damit bestimmt nichts mehr von der Zuckerkugel übrigbleiben würde, das ich eventuell noch hätte herausfischen könnte.

Durch das Wasser war der Kübel noch viel schwerer als sonst, und sein Henkel schnitt mir in die Hände.

Mutter stand neben dem Balz, der die Pferde vor seinen Wagen gespannt hatte. Demzufolge war er im Begriff abzureisen.

Obwohl Mutter mit dem Balz schäkerte wie all die vorangegangen Tage, spürte ich ihre scharfen Augen auf mir.

Der Balz verbeugte sich vor Mutter, lüftete seinen Hut und wollte eben auf den Kutschbock klettern, als er mich bemerkte.

„Luisli", rief er, „was tust du da?"

Ich stellte den schweren Kübel ab und blickte zum Balz hinüber.

Genau wie am Vorabend winkte er mich auch jetzt zu sich. Ich wusste, dass ich dieser Aufforderung auf gar keinen Fall nachkommen durfte, wenn ich von Mutter nicht gründlich versohlt werden wollte.

Er wartete, doch ich hob den Kübel wieder hoch und setzte meinen Weg fort. Nach wenigen Schritten hatte mich der Balz eingeholt und stellte sich vor mich.

„Und? Hat dir das Bonbon geschmeckt?", fragte er. Niemals würde ich ihm gestehen, dass Mutter es mir weggenommen hatte, schon gar nicht, wenn sie in der Nähe war, darum nickte ich nur, wagte aber nicht, ihn anzusehen und fixierte stattdessen einen Kiesel, der vor seiner schwarzen Schuhspitze lag.

Ihm reichte diese Antwort offenbar, denn er lachte und streichelte mir übers Haar.

Erschrocken hielt ich den Atem an. „Solches Haar wie das deine habe ich noch nie gesehen!", sagte er und hob mein Kinn hoch, bis ich ihn ansehen musste.

„Schenkst du mir ein Lächeln?"

In mir war nur Angst. Angst vor Mutters Reaktion. Angst vor der Nähe des Balz. Kaum merklich schüttelte ich den Kopf.

„Na gut, heute lass ich dir das noch durchgehen, aber das nächste Mal erwarte ich ein Lächeln von dir!" Augenzwinkernd drohte er mir mit seinem Zeigefinger. „Bevor ich fahre, will ich dir noch etwas zeigen. Komm mit!"

Er nahm mich an der Hand. „Keine Angst, ich tu' dir nichts!"

Langsam löste sich meine Starre. Meine Hand in seiner fühlte sich seltsam an. Wenn Mutter mich bei der Hand nahm, dann nur, um mich mit sich zu reißen. Meistens dann, wenn wir zur Kirche gingen und ich auf meinen kleinen Beinen nicht schnell genug war.

Der Balz führte mich an Mutter vorbei zu seinem Wagen. Ich vermied es, sie anzusehen und hielt den Blick auf den Boden geheftet.

Er ließ meine Hand los, um im Wagen nach etwas zu kramen. „Schau!", forderte er mich auf und zog etwas heraus.

Vorsichtig hob ich den Blick, und meine Augen wurden groß.

Der Balz hielt mir eine Puppe entgegen.

Ich hatte schon von Puppen gehört, die nicht nur aus einem Stöckchen bestanden, in das ein Gesicht geschnitzt war, aber dass es Puppen wie diese gab, das hätte ich mir in den kühnsten Träumen nicht ausdenken können.

Diese Puppe, die der Balz in den Händen hielt, musste die schönste auf der ganzen Welt sein. Sie sah wie ein echter kleiner

Mensch aus. Blonde Haare fielen ihr glänzend und offen über die Schultern. Ihr winziger Mund war rot, und sogar die Wimpern waren zart und fein um ihre leuchtend blauen Augen gemalt. Der schlanke Körper steckte in einem bezaubernden dunkelgrünen Kleid, und an den winzigen Füßen trug sie schneeweiße Söckchen und schwarze Schuhe. Fasziniert starrte ich auf diese Schönheit.

Der Balz grinste zu meiner Mutter hinüber, die noch kein einziges Wort gesagt hatte, und zeigte ihr die Puppe ebenfalls. „Was meint Ihr, gnädige Frau Annelies, sollte so ein hübsches Mädchen wie Euer Luisli nicht auch eine hübsche Puppe zum Spielen haben?"

Mutters Gesicht war wie eine Maske. Ich konnte die Wut, die sich darunter unaufhaltsam auszubreiten begann, förmlich riechen. Noch konnte Mutter sie zurückdrängen und sich zu einem gekünstelten Lächeln zwingen.

„Wie aufmerksam von Euch, Balz", presste sie hervor, „das Luisli jedoch ist zu ungeschickt, um mit hübschen Puppen spielen zu können. Das wäre nur Perlen vor die Säue geworfen."

„Aber, Frau Annelies", entgegnete der Balz, „Puppen und Mädchen gehören doch zusammen wie der Himmel und die Sonne! Ich bin überzeugt, das Luisli wird auf diese Puppe wie auf einen Schatz aufpassen. Nicht wahr, Luisli?" Und wieder hielt er mir die bezaubernde Puppe unter die Nase.

Ich wagte kaum zu atmen. Selbstverständlich hätte ich nichts lieber gehabt als diese Puppe.

Im Geiste sah ich mich mit ihr spielen, ihr die feinen Haare kämmen und die winzigen Kleider waschen, sollten sie jemals schmutzig werden. Ich sah mich, wie ich sie am Abend unter meine Decke legte und wie ich mich an sie herankuschelte beim Einschlafen.

Und trotzdem wusste ich ganz genau, dass Mutter es mir niemals erlauben würde, die Puppe auch nur zu berühren. Darum stand ich mit hängenden Armen da und sagte gar nichts.

„Ich werde sie Euch auch zu einem günstigen Preis überlassen, Frau Annelies", bot der Balz an. „Sagen wir, einen Laib Eures würzigen Käses und von dem Trockenfleisch einen Sack voll. Es ist bei Weitem nicht meine Absicht, daran zu verdienen. Es ist lediglich meine Absicht, das Luisli glücklich zu machen."

Das brachte Mutters Selbstbeherrschung zum Einsturz. „Was glaubt Ihr denn, wer Ihr seid?", keifte sie, und der Balz machte überrascht ein paar Schritte zurück. „Kommt eben mal her und bringt das Kind auf dumme Gedanken! So einen Firlefanz brauchen wir ganz bestimmt nicht! Packt Euer Teufelszeug wieder ein!"

Blitzartig ließ der Balz die Puppe im Wagen verschwinden und kletterte hastig auf seinen Kutschbock.

„Hast du etwa nichts zu tun, du faules Ding?", blaffte Mutter mich an. Sie machte ein paar Schritte auf mich zu und hob die Hand, doch noch bevor sie zuschlagen konnte, war ich herumgewirbelt, über den Hof gerannt und mit dem Schweinekübel im Stall verschwunden.

IM JAHRE DES HERRN 1791

Der Felsen über der Mühle

An einem warmen Frühsommertag arbeiteten Klara und ich im Garten. Wir zupften das Unkraut aus den Beeten und ließen es rund um das Gemüse liegen, damit die Sonne die Erde nicht zu sehr austrocknete. Ich füllte eben die Gießkanne mit Wasser aus dem Brunnen, als ich Mutter das Haus verlassen sah. Sie hatte das feine Schultertuch umgelegt, obwohl es nicht Sonntag war.

Ohne von mir Notiz zu nehmen, schlug sie den Weg Richtung Bütschwil ein und war bald außer Sicht.

„Wo geht Mutter hin?", fragte ich Klara und stellte die Gießkanne neben ihr ab.

Klara richtete sich auf und streckte den Rücken durch. „Ach, das weißt du noch gar nicht! Der Herr Pfarrer war gestern hier. Er sucht eine neue Haushälterin und will Mutter dafür haben."

„Und Mutter macht das?"

„Na, dein Vater meinte, das zusätzliche Geld könnten wir gut brauchen. Darum wird Mutter von nun an die Hauswirtschaft des Herrn Pfarrer führen."

„Wird sie dort auch wohnen?", fragte ich voller Hoffnung.

„Nein, Mäuschen." Klara lachte. „Beim Herrn Pfarrer darf keine Frau wohnen. Ich denke, Mutter wird am Abend wieder zurück sein."

Doch Mutter kehrte weder am Abend noch am nächsten Tag zurück. Vater gefiel das gar nicht. Mit jeder Stunde, die Mutter fort war, wurde er brummiger und schimpfte oft mit meinen Brüdern. Ich ging ihm so gut ich konnte aus dem Weg. Das war leichter als bei Mutter, denn im Normalfall ignorierte mich Vater sowieso.

Mit Klara zusammen kümmerte ich mich ums Haus, den Hof und den Garten. Obwohl Mutter stets kräftig mitangepackt hatte und ihre Hilfe nun fehlte, schafften wir die Arbeit erstaunlich gut. Mir selber war viel leichter ums Herz, und die Arbeit ging mir schneller von der Hand ohne Mutters bedrohliche Aufsicht.

Nach dem Mittagsmahl des dritten Tages von Mutters Fortbleiben legte sich Vater für seinen üblichen Mittagsschlaf auf die Ofenbank, und Klara zog sich in ihre Kammer zurück.

Mit meinem Strickzeug setzte ich mich auf die Bank unter die Nussbäume in den kühlen Schatten. Ich hatte noch keine zwei Nadeln gestrickt, als Wilhelm angezappelt kam.

„Was tust du da?", fragte er und fuhr, ohne auf eine Antwort zu warten, fort: „Hast du nichts Besseres zu tun, als Socken zu stricken?"

„Vater braucht ein neues Paar. Eines, das keine Löcher hat."

Wilhelm winkte ab. „Das ist doch öde und langweilig! Es gibt bestimmt hundert spannendere Dinge, die du tun könntest!"

„Wenn Vater seine Socken nicht in den nächsten Tagen bekommt, wird er böse auf mich."

„Willst du nicht einmal etwas machen, das du noch nie gemacht hast?"

„Und was wäre das?", wollte ich wissen.

„Zum Beispiel herausfinden, ob du so schnell laufen kannst, dass Vater dich nicht erwischt!" Er grinste frech und überprüfte mit einem kurzen Blick, ob von Vater etwas zu sehen war.

„Es ist still im Haus, und das wird bestimmt noch eine Stunde so bleiben." Wilhelm stupste mich an: „Na los!" Schon war er über den Hof auf die Wiese hinausgerannt.

Ich war hin und her gerissen. Ob ich es wirklich wagen konnte, Wilhelm zu folgen? Was würde Vater sagen, wenn er uns erwischte? Und doch hätte ich zu gerne mit Wilhelm auf den Wiesen herumgetollt.

Gewissenhaft legte ich zuerst mein Strickzeug in den Korb zurück. Dann stand ich auf, und als Vater wirklich nicht wutentbrannt aus dem Haus stürmte, gab ich mir einen Ruck und jagte hinter Wilhelm her.

Wir sausten über Wiesen und Felder, einen Hügel hinauf und auf der anderen Seite hinunter. Vom Erni-Hof war bald nichts mehr zu sehen, und noch immer rannte Wilhelm vor mir her. Endlich ließ er sich am Rande eines Waldes ins warme Gras fallen.

Keuchend kam ich angeschnauft und warf mich neben ihn. Wir lachten mit überhitzten, roten Gesichtern. „Was für eine Jagd!", hechelte Wilhelm.

„Als wäre ein Ungeheuer hinter uns her", japste ich bestätigend.

„Kein Ungeheuer, nur Vater!"

Die Vorstellung, wir wären tatsächlich vor Vater geflohen und ihm entkommen, brachte mich noch mehr zum Lachen.

Ich fühlte mich so lebendig und frei, dass mir selbst Vaters Gürtel und Mutters Schläge für diesen einen Moment keine Angst einjagten.

„Was tun wir hier?", fragte ich, nachdem ich mich etwas beruhigt hatte.

„Wolken anschauen", antwortete Wilhelm, als wäre das das Selbstverständlichste auf der Welt. Er legte sich ins Gras und verschränkte genüsslich die Arme hinter dem Kopf. Ich legte mich neben ihn und sah hinauf zum Himmel, wo sich vereinzelte Wolken über den blauen Himmel schoben.

„Da! Ein Schaf!", rief ich und deutete auf eine kleine Wolke.

Wilhelm kicherte: „Wie gut, dass ich das nicht scheren muss. Ich habe genug zu tun an denen, die bei uns im Stall stehen."

Er zeigte auf eine der ganz grossen Wolken. „Siehst du das Schiff dort?"

Ich hatte erst ein einziges Mal, in einem von Hermanns Büchern, ein Bild von einem Schiff gesehen, darum brauchte ich eine Weile, bis ich Wilhelms Wolkenschiff über den Himmel fliegen sah.

Träumerisch schloss Wilhelm die Augen. „Eines Tages, wenn ich älter bin, werde ich auf einem großen Schiff über die Meere segeln. Genau wie die Helden in Hermanns Geschichten werde auch ich ein richtiger Abenteurer sein und neue Länder entdecken."

Das hörte ich Wilhelm nicht zum ersten Mal sagen. Mir wurde jedes Mal bange bei der Vorstellung, Wilhelm könnte mich allein auf dem Hof zurücklassen. Wie würde es mir ergehen, wenn er nicht mehr da wäre, mit seinem Lachen und seinem Übermut?

Er drehte das Gesicht, das noch rot vom Laufen war, zu mir. „Und wenn ich ein Land gefunden habe, das mir gefällt, dann komme ich zurück und hole dich, damit wir beide dort leben können!"

Voller Erleichterung und Dankbarkeit lächelte ich ihn an.

Eine Weile blickten wir schweigend hinauf zu den Wolken.

„Ich wäre auch gerne eine Wolke", sagte ich sehnsuchtsvoll. „Es muss schön sein, über die Welt zu fliegen und hinabzuschauen auf die Menschen. Was wohl so eine Wolke denkt, wenn sie uns sieht?"

„Du würdest gerne fliegen können?", fragte Wilhelm.

Ich nickte.

Er sprang begeistert auf. „Ich zeig dir einen Ort, an dem du fliegen kannst! Komm! Lauf!"

Schon war er im Wald verschwunden, noch ehe ich seine Worte ganz begriffen hatte. So schnell ich konnte, rappelte ich mich hoch und bahnte mir einen Weg durch das Dickicht, Wilhelm hinterher, dessen blondes Stoppelhaar ich nur ab und zu durch die Bäume aufblitzen sah.

Je tiefer ich in den Wald hineinkam, desto banger wurde mir. Ich war noch nie so weit vom Erni-Hof weg gewesen und kannte mich nicht mehr aus.

Erst nachdem Wilhelm neben einem Bach stehengeblieben war, konnte ich zu ihm aufschließen.

„Wo bleibst du denn so lange?", fragte er, als würde er schon den ganzen Tag auf mich warten.

„Ich …", begann ich, doch er ließ mich nicht ausreden und legte einen Finger an die Lippen.

„Hörst du das?", fragte er.

Ich lauschte angestrengt. Zuerst vernahm ich nur das Murmeln des Baches und das Zwitschern der Vögel. Doch da war noch etwas anderes.

„Es klingt, als ob es regnet", stellte ich verwundert fest. Zuvor auf der Wiese hatte es noch gar nicht nach Regen ausgesehen.

Wilhelm nickte und flüsterte: „Jetzt müssen wir vorsichtig sein! Bleib dicht hinter mir!"

Langsam, einen Fuß vor den anderen setzend, schlichen wir dem Regen entgegen, der stetig lauter wurde, obwohl ich noch keinen einzigen Tropfen auf der Haut spürte. Mein Herz klopfte laut vor Aufregung.

Wir bahnten uns zuerst einen Weg am Bach entlang, und als der Regen so laut wurde, dass ich überzeugt war, gleich zu erfahren, was es damit auf sich hatte, bog Wilhelm ab und begann, den Hang hinaufzuklettern. Ich folgte ihm etwas verwundert. An Büschen und Bäumen festhaltend hangelten wir uns schräg aufwärts den Hang entlang.

Schon bald taten mir die Arme weh, und ich hatte Angst, mich nicht mehr lange halten zu können, da setzte sich Wilhelm auf den Hosenboden und rutschte ein kurzes Stück gerade hinunter bis zum Waldrand. Schnell rappelte er sich wieder auf, blickte zu mir hoch und winkte mir zu. „Komm!"

Vorsichtig setzte ich mich ebenfalls und rutschte langsam, mich mit Händen und Füßen am Boden festkrallend, hinunter. Wilhelm zog mich auf die Beine, kaum war ich neben ihm angekommen. Er ließ meinen Arm nicht los, während er nach vorne deutete.

„Was sagst du?", fragte er. In seiner Stimme klang Stolz, als stünden wir auf dem Land, das er eben entdeckt hatte.

Ich blickte mich um. Wir standen nun auf einem Felsvorsprung. Den Bach, dem wir zuvor gefolgt waren, sah ich viel weiter rechts und tief unter uns über die Felswand sprudeln. Als Wasserfall stürzte er in einen kleinen Weiher, was das Geräusch verursachte, das ich zuvor als Regen wahrgenommen hatte.

Wilhelm führte mich vorsichtig noch ein bisschen näher an den Abgrund heran. Ich klammerte mich an meinen Bruder.

„Schau!", sagte er.

Vor Staunen blieb mir der Mund offen stehen. Unter mir lag ein verstecktes Tobel, in das sich ein stattliches Wohnhaus, ein Schuppen und ein paar andere Gebäude duckten.

Wilhelm deutete auf jenes Haus, das ganz nah neben dem Weiher stand.

„Das ist die Mühle zu Zwyselen", erklärte er mir. „Vater bringt sein Getreide hierher zum Mahlen."

Fasziniert blickte ich hinunter. Alles an diesem Tobel gefiel mir auf Anhieb. Das große Rad, das sich munter drehte und dabei Wasser aus dem Weiher schöpfte und wieder hineinplatschen ließ, die herrliche Linde, die ihre Äste beschützend über dem Wohnhaus und seinem Garten ausstreckte, der Wasserfall und der Bach, der sich unten am Weiher durch das Tobel schlängelte und im Wald verschwand.

Sogar die Menschen schienen mir hier zufrieden und glücklich zu sein. Unter dem Baum, im Schatten, stand ein Kinderwagen, in dem ich kleine Beinchen fröhlich zappeln sah. Zwei Frauen, eine junge und eine ältere, saßen daneben an einem Tischchen und fädelten Bohnen. Männer luden sich schwere Säcke aus einem Wagen auf den Rücken und trugen sie in die Mühle hinein.

Wilhelm und ich schauten hinunter, ohne dass wir jemandem von diesen Leuten aufgefallen wären. So musste sich ein Vogel fühlen, dachte ich, wenn er unbemerkt über die Häuser fliegt.

Neben mir streckte Wilhelm seine Arme weit aus und bewegte sie, als hätte er Flügel. „Ich kann fliegen!", rief er.

Eifrig machte ich es ihm nach und wirklich, ein herrliches Gefühl der Freiheit durchströmte mich. Ich wurde zum Vogel und flog hoch über das Tobel und den Wald. Der Wind strich durch meine Flügel und hob mich noch weiter empor.

Doch plötzlich riss mich Wilhelm mit einem groben Ruck in die Wirklichkeit zurück.

„Sei vorsichtig!", mahnte er. „Wenn du hier einen Schritt zuviel machst, dann fällst du! Und glaub mir, einen solchen Sturz würdest du nicht überleben!"

Ein solcher Sturz würde sich durchaus lohnen, dachte ich, wenn ich dafür richtig fliegen könnte. Doch der überschwängliche Moment war vorbei. Ich setze mich neben Wilhelm, der die Beine über die Felsen baumeln ließ, und begnügte mich damit, den Leuten unten bei der Mühle im Tobel zuzuschauen.

Nach vier Tagen kam Mutter wieder zurück. Sie stand am Mittag beim Herd und bereitete das Essen zu, als Klara und ich vom Wäschehäuschen hereinkamen.

Als erstes fielen mir Mutters Haare auf. Sie hatte ihren strengen Dutt gelöst. Ein langer, dünner Zopf fiel ihr über den Rücken. Sie sah jünger aus als sonst.

„Na, Frau Annelies, Ihr seid zurück", sagte Klara. „Wie ist das Wohlbefinden des Herrn Pfarrer?"

„Recht gut", antwortete Mutter. „Die Hauswirtschaft des Herrn Pfarrer hat lange keine Frauenhand mehr gespürt, du kannst dir sicher vorstellen, wie es ausgesehen hat." Ich traute meinen Ohren nicht, als ich Mutter lachen hörte.

Klara stimmte in ihr Lachen ein. „Oh ja ... Männer können keine Wirtschaft führen, das liegt nicht in ihrem Naturell. Und ein Pfarrer ist da bestimmt keine Ausnahme."

„So ist es!" Mutter deutete auf das Gemüse, das auf dem Tisch lag. „Kannst du dich um das Gemüse kümmern? Luisli, decke den Tisch und dann holst du das Brot aus dem Ofen!"

Ich kam aus dem Staunen nicht mehr heraus. Noch nie hatte ich Mutter so freundlich erlebt. Trotzdem verhielt ich mich gewohnt unauffällig und erledigte meine Arbeiten sorgfältig, denn ich traute dem Frieden nicht so recht. Es konnte nur zu gut sein, dass Mutter bei einem einzigen kleinen Fehler, den ich machte, wütend werden würde.

Als Vater mit Kurt und meinen Brüdern zum Essen hereinkam und Mutter bemerkte, baute er sich wütend vor ihr auf und fuhr sie an: „Ich habe dir nicht erlaubt, in der Nacht wegzubleiben!"

Ich hielt erschrocken den Atem an und duckte mich in eine Ecke. Mutter griff hastig in ihre Schürzentasche und zog einen Beutel hervor, in dem es klimperte. „Gott segne unseren Herrn Pfarrer. Er hat mir gutes Geld für meine Dienste gegeben."

Vater riss ihr den Beutel aus der Hand und leerte die Münzen auf dem Tisch aus. Es waren eine ganze Menge davon. Überaus sorgfältig zählte er sie ab, bevor er sie zurück in den Beutel warf.

Besänftigt brummend schob er ihn sich in die Hosentasche. Dann ließ er sich auf seinen Stuhl sinken und befahl: „Es wird nicht mehr vorkommen, dass du dort schläfst! Hier gehörst du hin und hier verbringst du die Nächte! Hast du mich verstanden?"

Mutter nickte und Vater fuhr fort. „Und steck dein Haar hoch, bist ja nun wirklich nicht mehr jung!" Er griff nach dem Krug Most und sagte: „Lasst uns endlich beten, ich habe Hunger!"

In der Nacht wachte ich auf. Laute Stimmen drangen aus der Schlafkammer der Eltern. Ich hörte Mutters Keifen und Vaters lautes Brüllen. Zwar verstand ich nicht, worüber sie stritten, doch konnte ich mir vorstellen, dass Vater noch immer böse auf Mutter war, weil sie lange nicht nach Hause gekommen war. Vater wurde nicht so schnell wütend wie Mutter, doch wenn er es war, dann schlug er alles zusammen.

Im fahlen Mondlicht, das durch das Fenster in die Kinderkammer fiel, konnte ich meine Brüder auf ihren Pritschen ausmachen. Mir am nächsten schlief Jakob. Oder besser gesagt, er tat so, als würde er schlafen, denn ich bemerkte, wie er bei jedem besonders lauten Wort zusammenzuckte. Hermann lag auf dem Rücken und starrte, ohne sich zu bewegen, an die Decke. Wilhelm hatte sich wie ein kleines Kind eingekringelt und hielt sich die Ohren zu.

Ich wagte es nicht, mich zu bewegen, kaum zu atmen aus Angst, Vater könnte mich bemerken und auch auf mich böse werden.

Und dann kamen die Schläge und Mutters Keifen ging in schreckliches Schreien über.

Ich zog mir die Decke über den Kopf und biss in meine Fäuste, damit nicht das kleinste Wimmern zu hören war. „Mein Name ist Mari-Luis", dachte ich in einem fort, um die Schreie zu übertönen, „Mari-Luis … Mari-Luis …"

Mit einem Ruck wurde meine Decke hochgehoben. Ich konnte einen Aufschrei gerade noch unterdrücken, als ich nicht Vater, sondern Hermann erkannte.

Rasch legte er sich neben mich. Unendlich dankbar für seine Nähe kroch ich ganz nah an ihn heran und klammerte mich mit schmerzenden Händen an ihn.

„Da gab es", begann Hermann ruhig zu erzählen, als gäbe es keine Schläge und Schreie nebenan, „dieses junge Mädchen. Es lebte in Frankreich. – Weisst du, wo Frankreich liegt?"

Ich schüttelte den Kopf.

„Das befindet sich viele, viele Tagesreisen entfernt von hier." Mir fiel es schwer, mir vorzustellen, dass man viele Tagesreisen gehen konnte und die Welt noch nicht geendet hatte.

„Aber nicht weiter als Zürich?", fragte ich, denn Zürich war für mein Vorstellungsvermögen der entfernteste Ort überhaupt.

„Noch viel, viel weiter als Zürich!", antwortete Hermann.

Erneut wurde meine Decke hochgehoben. Wilhelm schob sich ebenfalls auf meine Pritsche. Dicht gedrängt lagen wir da. Die Angst war verschwunden, jetzt, da ich meine Brüder tröstlich um mich spürte.

„Auf jeden Fall", fuhr Hermann fort. Seine Stimme lullte mich ein, beruhigte mich. „Auf jeden Fall gab es da in Frankreich dieses junge Mädchen. Es hieß Johanna und war nur wenig älter als Köbi ..."

„Jakob", flüsterte ich. Ich mochte keine abgekürzten Namen. Auch nicht bei meinen Brüdern.

Hermann lächelte mich im fahlen Licht an. „Es war nur wenig älter als Jakob", berichtete er. „Dieses Mädchen, nun, Johanna, das arbeitete eines Tages auf dem Feld, und als es sich unter einem Baum von der strengen Arbeit ausruhte, erschienen ihm drei Engel. Erzengel, um genau zu sein."

Ich hielt den Atem an, um auch ja kein einziges Wort zu verpassen. Kurz blickte ich zu Jakob hinüber. Er tat nicht mehr so, als würde er schlafen, sondern hatte die Augen geöffnet und lauschte ebenfalls gebannt. Von Mutters Schreien, die langsam in ein Wimmern übergingen, bekam ich kaum mehr etwas mit.

„Und diese Engel, sie sprachen zu Johanna. Sie sagten: ‚Was tust du hier auf dem Feld, Johanna? Du solltest auf einem ganz anderen Feld stehen. Du gehörst auf das Feld der Ehre, an die Seite von Rittern und Kämpfern. Dir ist es bestimmt, Frankreich zu retten und dem rechtmäßigen König auf den Thron zu helfen!'"

Niemand kann so eine schwierige Aufgabe erfüllen, und schon gar kein junges Mädchen, dachte ich und hing gebannt an Hermanns Lippen.

„Und da Johanna sehr fromm war, tat sie alles, was die Engel sagten. Sie zog sich die Rüstung ihres Vaters an, gürtete das Schwert und machte sich auf den Weg zum Thronerben."

„Und die Engel?", fragte ich.

„Sie waren stets in ihrer Nähe. Nur Johanna konnte sie sehen und hören. Und die Engel sagten ihr, was sie zu tun hatte. So wurde sie der Berater des rechtmässigen Thronerben. Sie kämpfte selber in der Schlacht an der Seite der Ritter und rettete das Land. Und als der Thronerbe gekrönt wurde, galt Johanna als eine Heilige und bekam den Namen Johanna von Orléans."

„Johanna", sagte ich ehrfürchtig und ließ den Namen über meine Zunge rollen wie einst das Bonbon. Was war das nur für ein schöner und kräftiger Name! Gemacht für jemanden, der viel stärker war, als ich es je sein würde.

Johanna, dachte ich noch einmal und barg den Namen in meinem Herzen, während ich langsam und friedlich einschlummerte.

Am nächsten Morgen sah ich Mutter nur ganz kurz. Ihr Gesicht war voller Blutergüsse und das eine Auge dick verschwollen und blutunterlaufen.

In diesem Moment tat mir Mutter aufrichtig leid. Gerne wollte ich ihr etwas Tröstendes sagen, doch sie kam mir zuvor und fuhr mich an: „Was glotzt du so? Hast du etwa nichts zu tun? Warte nur, ich will dich lehren, was es heißt, zu faulenzen und andere Leute anzustarren!" Sie griff nach mir.

Instinktiv wirbelte ich herum, doch sie bekam meinen Zopf zu fassen und zerrte mich zurück. Schützend hielt ich mir die Arme über den Kopf, als sie auf mich einzuschlagen begann.

Plötzlich stieß sie einen Schrei aus und hielt sich schwer atmend ihre offensichtlich schmerzende Seite.

So schnell ich konnte, flüchtete ich nach draußen und versteckte mich im Hühnerstall. Zitternd kauerte ich mich in die hinterste Ecke und schlang die Arme um meine Beine. Ich kniff die Augen zusammen, legte den Kopf auf die Knie und schaukelte vor und zurück, vor und zurück. „Mein Name ist Mari-Luis, Mari-Luis, Mari-Luis ...", flüsterte ich vor mich hin. Ganz langsam beruhigte ich mich, das Zittern ließ nach. Ich wurde still, schaukelte nur noch wenig.

Als ich mir ganz sicher war, dass Mutter mir nicht gefolgt war, wagte ich, die Augen wieder zu öffnen und ein paar tiefe Atemzüge zu nehmen.

Die Hühner suchten pickend um mich herum und auch an mir nach Körnern. Ich streichelte sie, das beruhigte mich noch etwas mehr, und als eines auf meinen Kopf flatterte, entschlüpfte mir sogar ein Lachen. Ich scheuchte das freche Huhn hinunter und lehnte meinen Kopf an die Holzwand.

Nur noch einen Moment wollte ich hier sitzen bleiben, und dann würde ich mich zu Klara schleichen. Mein Blick huschte durch den Hühnerstall und blieb an einem losen Brett im Boden hängen.

Unter diesem Brett befand sich ein Versteck, in dem ich meine Schätze aufbewahrte, verborgen vor Mutters Augen. Ob ich es wagen konnte, sie hervorzuholen?

Vorsichtig kroch ich näher und hob das Brett hoch.

Beim Balz hatte ich einmal eine kleine Schatulle gesehen. Sie war ausgekleidet gewesen mit zartem Samt, damit die Dinge, die man darin aufbewahren wollte, schön weich lagen. Nach diesem Vorbild hatte ich mein Versteck gestaltet.

In den Erdboden gleich unter den Brettern des Hühnerstalls hatte ich eine kleine Kuhle gegraben und sie mit Stoffresten gepolstert.

Auf diesem weichen Polster lagen, sicher und geschützt vor Wind und Wetter, die glitzernden Einwickelpapiere der Bonbons, die mir der Balz geschenkt hatte. Drei waren es. Ein Bonbon hatte ich noch gar nicht ausgepackt.

Seit dem Tag, an dem ich das erste Bonbon erhalten hatte, hatte er mir bei jedem seiner Besuche eines und einmal sogar zwei geschenkt. Dafür nahm er dann meine Locken in die Hände und spielte ein bisschen damit.

Niemand sonst berührte meine Haare, es sei denn, Mutter riss mich an den Zöpfen oder Klara kämmte mich nach dem Bad.

Beim Balz fühlte es sich jedoch ganz anders an. Er streichelte nur, sachte und ohne jeden Zweck. Ich war mir nicht sicher, ob ich es mochte und ob es sich überhaupt ziemte, dass er mir so nahe kam. Doch schenkte mir der Balz sowohl mit dem Bonbon, als auch mit seinem Streicheln eine Art von Aufmerksamkeit, die ich sonst von niemandem bekam und darum ließ ich ihn gewähren.

Und was mich zu Anfang befremdet hatte, war bald ganz selbstverständlich geworden. Er spielte mit meinen Haaren und schenkte mir dafür ein Bonbon.

Im letzten Herbst hatte er mich gebeten, statt der zwei Zöpfe nur einen zu flechten. Als ich mir am nächsten Tag mein Haar in einem dicken Zopf schwer den Rücken hinunterfallen ließ, freute sich der Balz so sehr, dass ich sogar seine wunderschöne, zierliche Puppe halten durfte, während er sich meine Haare durch die Finger gleiten ließ. Seither flocht ich mir, auch wenn der Balz nicht da war, nur einen einzigen Zopf.

Eine Weile betrachtete ich meine Schätze und fühlte das kühle, glatte Papier in den Händen. Im Gegensatz zu dem ersten Bonbon hatte ich mir die beiden andern im Mund zergehen lassen können, ohne dass Mutter es bemerkt hatte. Und irgendwann, an einem ganz besonderen Tag, würde ich das dritte genießen. Aber nicht heute. Sorgfältig versteckte ich die Papiere und das Bonbon wieder in ihrem Versteck unter dem losen Brett.

Dann äugte ich vorsichtig durch eine Ritze des Hühnerstalls über den Hof. War von Mutter etwas zu sehen? Konnte ich versuchen, unbemerkt in den Garten zu gelangen, in dem Klara vermutlich um diese Zeit war?

Eben wollte ich einen Fuß aus dem Hühnerstall setzen, als die Haustüre aufging. Sofort zog ich mich in mein Versteck zurück und spähte wieder durch die Ritze.

Mutter war im Begriff, das Haus zu verlassen. Erneut hatte sie das feine Schultertuch umgelegt, doch diesmal trug sie zusätzlich noch ein Kopftuch, das sie sich tief ins Gesicht gezogen hatte.

Nachdem sie in Richtung Dorf verschwunden war, traute ich mich aus meinem Versteck hinaus und lief so schnell ich konnte zu Klara.

Wir bestellten den Garten, wechselten in den Kammern alle Bettwäsche und hängten die Decken zum Lüften aus den Fenstern. Als Mutter kurz vor dem Mittag noch nicht zurück war, begannen wir das Mittagessen zu kochen.

„Wann kommt Mutter wieder?", fragte ich, hüpfte vom Hocker und gab die kleingeschnittene Karotte in die Suppe.

„Ich weiß es nicht, Mäuschen", sagte Klara. „Bestimmt noch heute." Sie gab zu den Kartoffeln, die sie über dem Feuer angebraten hatte, Käse, Schinken, Eier und Kräuter hinzu, und bald erfüllte ein appetitlicher Duft die Küche. Ich machte mich daran, den Tisch zu decken.

„Weißt du, warum Vater gestern Nacht böse auf Mutter war?", wollte ich wissen. Ich sprach ganz leise.

Klara schaute mich einen Augenblick nachdenklich an, und ich fragte mich, ob ich besser nichts gesagt hätte. War es vielleicht etwas, das nur die Erwachsenen anging?

„Na ... weißt du", meinte Klara schließlich, „kein Mann teilt seine Frau gern mit einem anderen und sei es auch nur in der Wirtschaft."

Das verstand ich nicht. „Aber du bist doch da und ich auch!", ereiferte ich mich. „Wir besorgen hier schon die Wirtschaft. Wir können das auch ganz gut ohne Mutter, nicht wahr? Mir ist es nur recht, wenn sie beim Herrn Pfarrer ist!"

„Psssst ...", machte Klara und legte einen Finger an die Lippen. „Sag das nicht so laut. Ich höre die Männer kommen. Ist die Suppe bereit?"

Sünde

Seit der Nacht, als Mutter von ihm geschlagen worden war, redete sie nur noch das Nötigste mit Vater. Sie verbrachte beinahe jeden Tag im Dorf beim Herrn Pfarrer. Meist erst nach dem Abendessen kam sie zurück, wie Vater es verlangt hatte, und brachte ein paar Heller mit, die er gierig an sich nahm. Er verbot ihr die Auswärtsarbeit nicht, obwohl er immer misslauniger wurde, denn auf das Geld wollte er dann doch nicht verzichten.

Wilhelm und ich stahlen uns an manchen Tagen, während Vaters Mittagsschlaf, zum Felsen über der Mühle.

Wir hatten uns einen kleinen Pfad durch den Wald und am Hang entlang gestampft, auf dem wir bald jeden Busch und Baum kannten und wussten, wo wir uns sicher festhalten konnten. Unsere Ausflüge waren für mich kostbar, auch wenn ich, oder vielleicht gerade weil ich wusste, dass sie verboten waren. Wenn Vater uns erwischte, würde es Prügel geben. Doch eine kleine Weile dem Hof zu entfliehen, erfüllte mich mit solcher Freude, dass ich die mögliche Strafe dafür gern in Kauf nahm.

Dort, hoch oben auf dem Felsen flogen Wilhelm und ich wie die Vögel über die Mühle, manchmal saßen wir aber auch nur still da, ließen die Beine baumeln und schauten hinunter in das kleine Tobel.

Ich liebte es, zuzusehen, wenn die Frau des Müllers ihr Kind aus dem Wagen hob, es an ihre Brust legte, ihm Lieder vorsang oder es kitzelte, dass sein glucksendes Lachen bis zu uns hinauf perlte. Dann träumte ich davon, dass ich selber irgendwann ein Kind haben würde, das ich kitzeln konnte. Ich würde es lieben und ihm Lieder vorsingen und es vor allem Bösen bewahren. Und niemals, das schwor ich, niemals würde ich es schlagen!

So kam der Herbst und die Schule begann wieder. Wilhelm war nun alt genug und durfte auch den Unterricht besuchen. An seinem ersten Schultag verließ er mit Jakob und Hermann das Haus. Es war ein kühler, nebliger Morgen. Wehmütig schaute ich meinen Brüdern hinterher. Sie gingen über den Hof und bald hatte der Nebel sie verschluckt.

Nur zu gern wäre auch ich mit ihnen gegangen, weg vom Hof, doch leider war ich noch zu klein.

Seufzend holte ich die Hacke aus dem Schuppen und begann, den Garten umzugraben und winterfest zu machen.

Es war noch nicht Mittag, als ich jemanden meinen Namen rufen hörte. Ich drehte mich um und sah Wilhelm, der frech auf dem Gartenzaun hockte und mit Stöckchen um sich warf.

„Was tust du hier?", fragte ich verwundert. „Ist die Schule schon aus?"

Er zuckte leichthin mit den Schultern. „Hatte keine Lust mehr. In der Schule heißt es ständig: Hör zu! Sitz still! Das ist nichts für mich. Ich möchte den Wind um die Nase spüren und das Gras unter meinen Füßen! Ich möchte das Leben genießen. Ich bin nicht gemacht für Schulzimmer und Schreiben und Stillsitzen."

Ich musste lachen.

Vater jedoch fand es gar nicht lustig, als er bemerkte, dass Wilhelm die Schule geschwänzt hatte. Er packte ihn, sobald er ihn zu fassen bekam und schlug so lange zu, bis Wilhelm versprach, am nächsten Tag wieder in die Schule zu gehen und dort auch zu bleiben.

Doch kein Versprechen hielt Wilhelm auf der Schulbank. Allerdings war er klug genug, nicht direkt wieder auf den Hof zurückzukommen. Er strich durch die Wälder und Flure, bis er mit Jakob oder Hermann zum Hof zurückkehrte und so tat, als wäre er brav in der Schule gewesen. So erfuhr Vater vorerst nichts von Wilhelms Schwänzen.

Der Lehrer jedoch bekam es durchaus mit.

Nach zwei Wochen klopfte es an der Haustüre, als wir gerade beim Abendbrot saßen.

Ich öffnete die Türe und stand einem fremden Mann in einem schwarzen Mantel gegenüber.

„Guten Abend", sagte er und klemmte sich ein Monokel ins linke Auge. „Ich bin auf der Suche nach dem Bauer Jakob Erni vom Erni-Hof. Bin ich da richtig?" Steif schaute er zu mir hinunter.

Ich nickte.

„Dürfte ich dich bitten, ihm zu bestellen, dass der Herr Lehrer nach ihm verlangt?"

Ich erstarrte vor Ehrfurcht. Das war also der Herr Lehrer, bei dem meine Brüder schreiben und lesen lernten. Dieser Mann musste bestimmt der gescheiteste Mensch der Welt sein.

Der Herr Lehrer sah mich erwartungsvoll an, und ich beeilte mich, erneut zu nicken und einen anständigen, wenn auch etwas zittrigen Knicks vor ihm zu machen. Schnell verschwand ich in der Küche, um Vater zu berichten, welch hoher Gast an der Türe wartete.

Mürrisch stand Vater von seinem Essen auf. Er mochte keine Störungen bei den Mahlzeiten, egal welcher Art.

Meine Brüder und ich spitzten, ebenso wie Klara, die Ohren, um auch ja nichts von dem zu verpassen, was der Herr Lehrer mit Vater zu besprechen hatte.

„Ich würde gerne ein Wort mit Euch wechseln, Bauer vom Erni-Hof", begann der Herr Lehrer. „Dürfte ich Euch bitten, mich für einen Moment hineinzukomplimentieren?"

Vater brummte etwas Unverständliches, während er den Gast hereinführte. Sie setzten sich in die gute Stube und Klara brachte den Männern etwas zu trinken.

„Ich bedanke mich recht höflich für Eure Gastfreundschaft", hörten wir den Herrn Lehrer sagen. „Lasst mich sofort zu meinem Anliegen kommen! Es geht um den Jungen Wilhelm Erni, genannt Willi. Er hat offenbar nicht das Verlangen, am Schulunterricht teilzunehmen. Ich, der ich dafür zuständig bin, der Jugend in diesem Ort das Lesen, Schreiben und Rechnen beizubringen, kann so, verzeiht meine Offenheit, meiner Arbeit nicht nachkommen."

Das alles hatte er in einem eintönigen und emotionslosen Tonfall heruntergeleiert, so, als würde es ihn eigentlich gar nicht interessieren.

Vater nahm einen großen Schluck aus seinem Glas, bevor er antwortete: „Tja, was soll ich sagen, Herr Lehrer? Ich habe den Jungen bereits zur Schule geprügelt. Mehr kann ich nicht tun!"

„Ihr gestattet, Bauer vom Erni-Hof, die körperliche Züchtigung ist durchaus in meinem Sinn, nur sollte sie auch Früchte tragen."

Klara kam mit dem Krug wieder in die Küche. Sie hatte die Türe zur guten Stube wie aus Versehen einen Spalt breit offen gelassen und legte den Finger an die Lippen, damit wir nicht redeten. Diese Warnung wäre allerdings gar nicht nötig gewesen, denn das Abendessen in unseren Schalen war vergessen, während wir aufmerksam lauschten.

Nur Wilhelm war irgendwie nicht mehr da.

„Offensichtlich jedoch, bitte verzeiht meine Deutlichkeit, haben Eure Züchtigungen nicht das gewünschte Resultat gebracht!", fuhr der Herr Lehrer fort. „Wenn Ihr gestattet, hätte ich dazu etwas vorzuschlagen."

„Und das wäre?", hörten wir Vater fragen.

„Wie ich den Akten entnehme, habt Ihr noch eine Tochter. Sie ist zwar etwas jung für die Schule, trotzdem wäre ich bereit, sie in die Klasse aufzunehmen, vorausgesetzt ... lasst mich kurz nachsehen ... ", wir hörten Papier rascheln, „ ... aja ... da ist es ... die kleine Mari-Luis ist behilflich, Willi zur Schule zu bringen. Bindet sie am Morgen an Willis Bein, damit sich der Bursche auf dem Schulweg nicht davonmachen kann. Ist er erst in der Schule, werde ich ihn vor Ort höchstselbst an der Bank festbinden. Schon bei anderen Ausreißern hat diese Taktik hervorragend funktioniert!"

Mir klopfte das Herz bis zum Hals! Konnte das wirklich sein? Der Herr Lehrer kam eigens hierher, um mir einen meiner größten Wünsche zu erfüllen?

Doch Vater sorgte dafür, dass die Freude, die ich kurz verspürte, sofort wie eine Seifenblase zerplatzte.

„Bei allem Respekt, Herr Lehrer!", polterte er. „Das Luisli soll in die Schule? Das könnt Ihr ganz schnell wieder vergessen! Wer, glaubt Ihr, erledigt hier die Arbeit, wenn sie in der Schule herumhockt?" Wir hörten seinen Stuhl über den Boden schrammen, als er energisch aufstand. „Der Köbi und der Hermann gehen bereits zur Schule. Willi geht mit ihnen!"

Auch der zweite Stuhl wurde nach hinten geschoben. Offenbar war auch der Herr Lehrer aufgestanden. „Ich rede nur in Eurem Sinne, Bauer vom Erni-Hof", sagte der Lehrer. „Für die Kleineren läutet die Glocke schon zwei Stunden früher. Was heißt, dass der Willi auch früher wieder auf dem Hof eingespannt werden kann. Darum fiel meine Wahl für den Aufpasser auf die kleine Mari-Luis."

„Ein Mädchen in den Unterricht zu schicken ist kompletter Schwachsinn!", schimpfte Vater. „Mädchen sind zu dumm, um zu lesen!"

„Aber, Herr Erni", konterte der Lehrer, „was redet Ihr da! Mädchen sind sehr wohl in der Lage, lesen und schreiben zu lernen. Das hat sogar eine neuzeitliche Studie bewiesen!"

„Studie!", rief Vater aus. „Nur wegen einer Studie werde ich noch lange nicht das Luisli zur Schule schicken!"

„Viele Mädchen gehen bereits in die Schule, Bauer Erni, und sie lernen gut."

„Solches neumodische Getue werde ich auf keinen Fall unterstützen! Sagt mir, wozu soll ein Mädchen überhaupt lesen können, wenn es die Wirtschaft zu führen hat, so, wie das von Gott für das Weibervolk seit der Entstehung der Welt bestimmt ist?"

„Wenn Frauen lesen könnten, dann könnten sie auch anderes tun, als nur die Wirtschaft zu führen!", sagte der Lehrer.

Was für ein absurder Gedanke, schoss es mir durch den Kopf. Aber dann dachte ich an Johanna von Orléans, die auch ein Mädchen gewesen war und die sogar den König beraten hatte.

„Soweit kommt's noch! Denkt Ihr wirklich, ich ziehe ein unnützes Mädchen groß, damit es etwas anderes tut, als auf dem Hof zu arbeiten? So, Herr Lehrer, und nun bitte ich Euch, mein Haus zu verlassen und ich versichere Euch, Willi wird morgen in der Schule sein!"

Auch wenn Wilhelm sich davongeschlichen hatte, Vater bekam ihn zu fassen, und der Gürtel kam zum Einsatz. Ich zuckte bei jedem Hieb zusammen und spürte den Schmerz wie meinen eigenen, obwohl ich mich in der Küche bei Klara versteckt hatte. Als Vater endlich von ihm abließ, kam Willhelm ganz blass in die Küche gewankt.

Vater schrie nach einem Krug des gegorenen Safts, und während Klara ihm das Verlangte brachte, hob ich Wilhelms Hemd hoch. Der Gürtel hatte blutige Striemen hinterlassen. Vorsichtig strich ich Wilhelms Wunden mit Harzsalbe ein. In seinen Augen glitzerten Tränen, doch er schluckte sie tapfer hinunter.

Hermann betrachtete seinen Bruder eine Weile schweigend, dann brach es plötzlich aus ihm heraus: „Tu dir das nicht nochmal an, geh zur Schule!"

„Das sagst du?", antwortete Wilhelm aufgebracht. „Du, der ständig Prügel beziehst, nur weil du nicht mit Lesen aufhören kannst?"

„Und das willst du auch?"

„Aber die Schule ist öde und langweilig! Ich will etwas erleben!"

„Es geht vorbei!", sagte Hermann.

Wilhelm schwieg. Doch von diesem Tage an ging er tatsächlich zur Schule, auch wenn er dort soviel Unfug trieb, dass er die meiste Zeit in der Ecke stehen musste. Da er jedoch anwesend war, stellte das sowohl den Herrn Lehrer als auch Vater zufrieden.

Am letzten Tag des Oktobers jährte sich mein Geburtstag zum siebten Mal. Bald darauf schneite es zu, was Ausflüge zur Mühle unmöglich machte.

Meine Brüder stampften jeden Morgen durch den hohen Schnee zur Schule, und Vaters und Kurts Arbeiten beschränkten sich auf den Hof. Sie schlachteten Schweine, hackten Holz, besserten im Schuppen die Wekzeuge und Wagen aus, zimmerten oder schnitzten Löffel und Schalen. Klara und ich pökelten das Fleisch und hängten es in den Kamin. Das Fett verwerteten wir zu Talglichtern, die zwar grässlich stanken, dafür aber nichts kosteten. Jetzt im Winter hatten wir auch Zeit, die Wolle unserer Schafe zu spinnen und daraus warme Kleidung zu stricken oder zu weben.

Mutter war wieder vermehrt zu Hause, was aber nicht bedeutete, dass sie anwesend war. Da sie über Krämpfe im Bauch klagte, hatte sie Klaras Kammer bezogen, die eine eigene Türe nach draussen hatte, und Mutter so schneller beim Abtritthäuschen war. Klara dagegen hatte ohne ein Wort der Gegenwehr Mutters Bett in Vaters Schlafkammer übernommen, und bald hatten wir uns daran gewöhnt, Klara am Morgen von oben herunterkommen zu sehen.

Mutter gesellte sich nur zu den Mahlzeiten zu uns und verschwand gleich wieder, nachdem sie wortlos gegessen hatte. Zum Herrn Pfarrer ging sie noch etwa zweimal in der Woche, ansonsten schloss sie sich in der Kammer ein. Ich war darüber nicht traurig. Und genoss es, mit Klara alleine zu sein.

Am Heiligen Abend schmückte Klara die gute Stube mit Tannenzweigen und Stechpalmenbüscheln, die rote Beeren trugen. Sie stellte eine Schale mit knackigen Äpfeln auf den Tisch und zündete statt des stinkenden Talglichts zwei große Kerzen an. Voller Staunen traten wir in die geschmückte Stube, um dort zu essen. Klara und ich hatten den ganzen Tag in der Küche zugebracht. Wir hatten eine Gans, die nun knusprig auf die Esser wartete, mit Zwiebeln, Nüssen und Äpfeln gefüllt. Dazu gab es Bratkartoffeln und warmes, frisches Brot. Sogar Mutter, die den Tag wie gewohnt in ihrer Kammer verbracht hatte, langte kräftig zu und lobte Klara für ihre Kochkünste.

Nach dem Essen stimmte Klara mit ihrer vollen Stimme „Ach lieber Herr Jesus" an. Willhelm fiel mit lautem Ton ein, dann auch Kurt, und bald sangen alle bis auf Vater, der sich eine Pfeife angezündet hatte und sich entspannt zurücklehnte. Wir sangen auch noch „Aus hartem Weh die Menschheit klagt" und alle Weihnachtslieder, die wir kannten, bis uns keine mehr einfielen.

Nachdem der letzte Ton verklungen war, legte Vater seine Pfeife beiseite und sagte: „Wir beten!" Er kniete sich auf den Boden. Schnell taten wir es ihm nach und schlossen die Augen.

„Gerechter und strenger Herr im Himmel", begann Vater, „wir danken Dir für all die Gaben, die wir durch Dich empfangen haben. Wir danken Dir, dass du Deine Hand über unser Haus und unsere Arbeit hältst. Begleite uns durch den harten Winter, und sei milde gegenüber den Fehlern, die wir vor Deinen Augen begangen haben. Bewahre uns vor Übel und vor der Sünde. Und bestrafe diejenigen hart und ohne Gnade, die sich der Sünde des Fleisches schuldig gemacht haben. Amen."

Etwas verwundert über den abrupten Abschluss des Gebets öffnete ich die Augen und beobachtete, wie Vater Mutter einen strengen Blick zuwarf, worauf sich Mutter erhob und wortlos die Stube verliess. Ich hörte, wie ihre Kammertür aufging und wieder geschlossen wurde.

In der Stube herrschte betretene Stille.

„Nehmt euch jeder noch einen Apfel und dann ab ins Bett", bot Klara gezwungen fröhlich an, um die Spannung zu vertreiben.

Und tatsächlich wurde uns wieder leichter ums Herz, als wir in die knackigen Äpfel bissen. Wir lachten über Wilhelm, der den seinen mit drei Bissen verschlugen hatte und steif und fest behauptete, er bräuchte noch einen zweiten, da seiner bereits faul und ganz und gar ungeniessbar gewesen sei.

Satt und zufrieden sank ich spät am Abend ins Bett.

Ich hatte das Gefühl, eben erst eingeschlafen zu sein, als ich rüde geweckt wurde. Mutter stand an meiner Pritsche, eine kleine Laterne in der Hand.

„Zieh deinen guten Rock an und komm hinunter in die Küche! Beeil dich!", bafahl sie und war mit dem Licht auch schon wieder verschwunden.

Schlaftrunken stand ich auf und schlüpfte mit blossen Füssen in die Holzschuhe. Dann tastete ich mich zwischen meinen schlummernden Brüdern hindurch, tapste den dunklen Flur entlang und stöberte in der Wäschekammer herum, bis ich den Sonntagsrock gefunden hatte. Die Kammer war eiskalt.

Ich spürte meine Füße kaum noch, bis ich mir endlich das Kleid zugeschnürt hatte, auch wenn ich mir die wollenen Strümpfe als erstes übergezogen hatte. Bibbernd vor Kälte torkelte ich hinunter in die Küche, in der nur ein einzelnes Talglicht brannte.

„Wo bleibst du denn so lange!", blaffte mich Mutter an. Mit einer weissen Haube und dem schwarzen Sonntagskleid war sie gekleidet wie zum Kirchgang, obwohl es noch Stunden dauern musste, bis die Weihnachtsmesse gelesen wurde.

Grob packte mich Mutter beim Nacken und tauchte mein Gesicht kurz in eine Schüssel mit kaltem Wasser.

„Ich werde dir zeigen, was es heißt, richtig Weihnachten zu feiern", sagte sie und griff nach meinen Haaren, während ich mir mit meinem Ärmel das Gesicht abtrocknete.

Mit harten Strichen kämmte Mutter meine Haare und flocht einen strengen Zopf. Um ihn hochzustecken, bohrte sie mir Haarnadeln tief in die Kopfhaut. Jeden noch so kleinen Jammerlaut, den ich nicht unterdrücken konnte, quittierte Mutter mit einer ungeduldigen Kopfnuss.

„Gutes Essen, Lieder und Äpfel!" Voller Ekel spuckte sie die Worte aus. „Hat der Herr Jesus uns nicht gelehrt, was es heißt, Opfer zu bringen?" Als ich nicht sofort antwortete, schlug sie mir gegen die Schulter. „Hat er uns das?"

Schnell nickte ich.

„Aber statt der Opfer unseres Herrn Jesus zu gedenken, benehmt ihr euch, als wäre Weihnachten ein Volksfest!"

Sie griff nach einer ihrer Hauben und setzte sie mir auf. Sie war viel zu groß, doch Mutter band sie, bis sie straff saß und alle Haarsträhnen darunter verschwunden waren. Eigentlich trugen nur verheiratete Frauen die Hauben so streng, während Jungfrauen mit kleineren und leichtern Hauben ihre Haare mehr schmückten als versteckten. Ich selber hatte überhaupt noch nie zuvor eine Haube getragen.

Als Mutter schliesslich von mir abließ, pochte dumpfer Schmerz in meinem Kopf. Sie drückte mir einen Kanten Brot und das Schultertuch in die Hand und schob mich ungeduldig vor sich her aus dem Haus. „Nun komm endlich!"

Kein Silberstreif kündete den Morgen an. Leichter Schnee fiel und es war bitterkalt. Ich wickelte mich in das Schultertuch.

Am Arm zerrte mich Mutter über den Hof, dem Dorf zu.

Meine groben Holzschuhe, die einzigen, die ich besaß, waren bald voller Schnee, und meine Strümpfe wurden nass darin.

Mutter gab ein schnelles Tempo vor, sodass ich das Brot in meine Rocktasche stopfte, da ich es unmöglich während des Laufens essen konnte. Ich bemühte mich, so gut ich konnte, mit Mutter Schritt zu halten. Nicht selten stolperte ich, und einmal verlor ich sogar meinen Schuh.

„Heilige Mutter Gottes! Was bist du nur für ein anstrengendes und ungeschicktes Kind", beschwerte Mutter sich, während ich im Schnee nach dem Schuh suchte.

„Entschuldigt, Mutter", murmelte ich. Endlich fanden meine Hände den Schuh, und schon eilten wir weiter.

Als wir in Bütschwil angekommen waren, nahm ich einen ersten Hauch von Dämmerung am Horizont wahr. Außer Atem stieg ich hinter Mutter zur Kirche hinauf, wo uns der Herr Pfarrer am Eingang erwartete und uns mit Weihwasser bespritzte, während wir das Zeichen des Kreuzes schlugen.

Ich fragte mich, ob vielleicht noch eine frühere Messe vor der Weihnachtsmesse gelesen würde. Doch die Kirche war leer, niemand sonst saß in den engen Bänken.

Der Herr Pfarrer schloss die Türe hinter uns und schritt zum Altar.

„Kommen keine anderen Leute?", erkundigte ich mich leise bei Mutter.

„Stell keine Fragen!" Sie knickste zum Kreuz hin, an dem der heilige Herr Jesus an seine Leiden erinnerte, bevor sie mich in eine Kirchenbank schubste und mir befahl, mich hinzuknien. „Bete und bitte um Vergebung für deine Sünden!"

Sie kniete sich neben mich, bekreuzigte sich, ließ die Perlenschnur des Rosenkranzes durch die Finger gleiten und begann, vor sich hinzumurmeln: „Heilige Mutter Gottes, bitt' für uns …"

Gehorsam senkte ich den Kopf und bekreuzigte mich ebenfalls, bevor ich zu beten begann. Den ganzen Rosenkranz konnte ich ohne Hilfe nicht aufsagen, aber das Ave Maria kannte ich und auch das Vaterunser.

Sogar nachdem ich beide Gebete dreimal aufgesagt hatte, war Mutter noch mit ihrem Rosenkranz beschäftigt. Also murmelte ich auch noch das Tischgebet, das Vater jeweils vor dem Essen sprach, und das Gebet zur guten Nacht, das ich mit meinen Brüdern vor dem Schlafengehen betete. Damit war mein Repertoire an Gebeten erschöpft, Mutter jedoch betete nach wie vor.

Langsam begannen sich meine Beine, vom langen Knien zu verspannen, und der Nacken war steif geworden. Auch war es kalt in der Kirche. Zu gerne wäre ich aufgestanden oder hätte zumindest meine klammen Hände gegeneinander gerieben.

Verstohlen hob ich den Kopf und blickte mich in der Kirche um. Wieso waren wir eigentlich alleine hier? Waren wir tatsächlich die einzigen, die die frühe Messe besuchten?

Der Herr Pfarrer stand vorne am Altar und hatte den Kopf gesenkt. Vermutlich war er tief ins Gebet versunken. Er machte keine Anstalten, eine Messe zu lesen.

Mutter hatte meine Unaufmerksamkeit bemerkt. „Bete, habe ich gesagt, und bitte um Vergebung für deine Sünden!", zischte sie und drückte mir grob den Kopf hinunter. „Für gestern Abend, als du so ausgelassen gefeiert hast, und auch dafür, dass du hier neugierig andere Leute anstarrst. All das ist Sünde! Beichte!"

Resigniert schlug ich noch einmal das Kreuz und faltete die eisigen Hände.

Bis jetzt hatte ich noch nie gebeichtet. Von Jakob und Hermann wusste ich, dass man bei der Beichte dem Herrn Pfarrer alles erzählen musste, was man falsch gemacht hatte, auch wenn es niemand gesehen hatte. Da Gott immer auf uns herabschaute mit strengem Blick, sah er auch alles und wusste, wenn wir etwas verschwiegen. Aus diesem Grund hatte ich vor Gott immer etwas Angst.

Andererseits war die Strafe für begangene Sünden lediglich beten, was bei Weitem nicht so schlimm war, wie geschlagen zu werden, fand ich. Also rief ich mir in Erinnerung, wofür ich hätte bestraft werden sollen.

Als erstes fiel mir diese Schüssel ein, die ich hatte fallen lassen. Sie war zwar leer gewesen und hatte bereits einen Sprung gehabt. Darum wäre sie sowieso nicht mehr lange zu gebrauchen gewesen. Trotzdem hatte ich sie fallen lassen und bat nun Gott um Vergebung für diese Sünde. Weiter hatte ich im Hühnerstall ein Ei zertreten, als ich meine Schätze unter dem losen Brett hervorgeholt hatte, und beim Spinnen der Wolle hatte ich heimlich ein kleines Stück abgezwickt und in meiner Schürzentasche versteckt, denn es hatte sich hartes Stroh darin verwickelt, das meinen Fingern weh getan hätte. Auch für diese Sünden bat ich um Vergebung. Ich sah ein, mit dem Stroh das größte Vergehen begangen zu haben, denn ich hatte mich vor Schmerzen gedrückt und das, obwohl ich wusste, dass unser Herr Jesus selber viel größere Schmerzen auf sich genommen hatte, ohne zu klagen. Schnell schlug ich das Kreuz, damit Gott nicht böse auf mich werden würde und suchte dann nach weiteren Verfehlungen. Einmal hatte ich etwas von der Suppe verschüttet, beim Schöpfen. Doch dafür hatte ich bereits Schläge bekommen. Musste ich das nun auch noch vor Gott beichten oder war mit den Schlägen die Schuld bereits ausrcichend gebüßt?

Zur Sicherheit betete ich nochmals zwei Vaterunser und hoffte, das würde für alle Sünden ausreichen.

Mir wurde immer kälter, Mutter jedoch schien die Kälte nichts auszumachen. Sie war weiterhin mit ihrem Rosenkranz beschäftigt. Meine nassen Strümpfe machten aus meinen Füßen Eisklumpen. Die Beine schmerzten unaufhörlich vom langen Knien, und mein Kopf pochte von den Haarnadeln und der streng gebundenen Haube. Ich bekam Hunger, wagte aber nicht, das Brot aus meiner Tasche zu nehmen. Im Hause Gottes durfte bestimmt nicht gegessen werden.

Endlich trat der Herr Pfarrer zu uns und legte Mutter eine Hand auf die Schulter.

„Möchtest du beichten, meine Tochter?", fragte der Herr Pfarrer. Mutter sah zu ihm hoch und schüttelte den Kopf. „Heute nicht", antwortete sie. „Das Kind ist bei mir."

„Es wird solange hier warten!", sagte der Pfarrer, ohne die Hand von Mutters Schulter zu nehmen.

Als Mutter sich erhob, stand ich ebenfalls auf. Was für eine Wohltat es war, die Beine strecken zu können!

Wütend wandte sich Mutter zu mir. Unwillkürlich zog ich den Kopf ein. Die erwartete Ohrfeige blieb jedoch aus, stattdessen säuselte Mutter in einem falschen Ton: „Luisli, du bleibst hier und betest weiter!"

„Mari-Luis", murmelte ich vor mich hin, während ich Pfarrer und Mutter im Beichtstuhl verschwinden sah und mich wieder hinkniete.

Begangene Sünden kamen mir keine mehr in den Sinn, also beobachtete ich das Morgenlicht, wie es sich durch die dicken Kirchenfenster kämpfte. Jetzt konnte es bestimmt nicht mehr lange dauern bis zur Messe.

Mutter war schon eine ganze Weile weg. Hatte sie so viel zu beichten?

Einmal glaubte ich, einen leisen, spitzen Schrei aus dem Beichtstuhl gehört zu haben. Ob Mutter hingefallen war? Sollte ich nachsehen? Ich äugte zum Beichtstuhl hinüber. Der Vorhang bewegte sich nicht, und hören konnte ich auch nichts mehr. Vermutlich hatte ich mich geirrt, darum blieb ich, wo ich war.

Meine Beine waren beinahe taub, als Mutter endlich den Beichtstuhl verliess und neben mir auf der Bank Platz nahm. Mit einer knappen Handbewegung deutete sie an, dass auch ich mich setzen durfte. Dankbar streckte ich meine Beine, was mir ein „Hör auf zu zappeln!" von Mutter einbrachte.

Vereinzelt kamen die ersten Leute in die Kirche. „Warum waren wir denn so früh hier?", wagte ich zu fragen.

Mutter sah mich streng an. „Tun dir die Knie weh?"

Erstaunt über die Frage nach meinem Wohlbefinden nickte ich.

„So soll es sein. Das ist die richtige Art, Weihnachten zu feiern!", sagte sie. „Gedenke den Opfern unseres Herrn Jesus und gedenke, dass du sündig geboren bist!"

„Sündig geboren?", hauchte ich.

Mutter hob einen spitzen Zeigefinger vor mein Gesicht. „Es ist deine Pflicht, Gott jeden Tag um Vergebung zu bitten, dafür, dass du sündig durch die Erbschuld bist."

Ich wusste nicht, was Erbschuld ist. Aber ich wagte auch nicht, zu fragen.

„Von jetzt an", fuhr Mutter fort, „wirst du an jedem Sonntag zwei Stunden vor der Messe beten und um Vergebung für alle deine Sünden bitten. Vor allem dafür, dass du als sündiges Mädchen geboren bist!"

Bei der Vorstellung, dass ich noch weitere Stunden würde in der Kirche knien müssen, graute mir. Wehmütig dachte ich an die Freiheit auf dem Felsen über der Mühle.

Langsam füllte sich die Kirche. Auch Vater kam mit meinen Brüdern, Kurt und Klara. Während sich Klara auf die Frauenseite der Kirche neben uns setzte, nahmen meine Brüder und Vater auf der andern Seite Platz.

Klara lächelte mir zu und bedachte Mutter mit einem kurzen Blick. „Eure Haube sitzt etwas schief, Frau Annelies", flüsterte Klara. Während Mutter ihre Haube richtete, fiel mir auf, dass auch ihre Bluse leicht zerknittert war. War Mutter tatsächlich hingefallen, als ich den Schrei gehört hatte?

Die Messe wurde gelesen, was erneutes Knien und Beten bedeutete. Allerdings durften wir zwischendurch stehen, wofür meine Beine dankbar waren.

Nach der Messe traten wir in die klirrende Kälte hinaus. Es hatte aufgehört zu schneien, und der Himmel klarte auf.

Mutter erklärte, dass sie noch beim Herrn Pfarrer bleiben würde, um ihm den Weihnachtsbraten vorzubereiten.

Auf dem Rückweg achtete ich auf einen großen, wenn auch nicht zu großen Abstand zu Vater. Es behagte ihm gar nicht, dass Mutter nicht mit uns gekommen war, und darum, das wusste ich, würde es nur einen winzigen Auslöser brauchen, um ihn wütend zu machen. Als wir im Dorf beim Wirtshaus vorbeikamen, brummte Vater, er werde noch mit den Nachbarn zusammensitzen. Kurt folgte ihm ins Gasthaus hinein. Klara schwatzte mit einer anderen Magd und rief uns über die Schulter zu, wir sollten schon vorgehen, und so waren meine Brüder und ich mit einem Mal alleine.

Mich schmerzten die Beine auch jetzt noch, und meine Strümpfe waren klamm und kalt. Ich war so müde, dass ich kaum die Kraft hatte, meine Füße hochzuheben, um durch den Schnee zu waten. Nachdem ich zweimal hingefallen war, hatte Jakob Mitleid mit mir.

„Komm Mari, ich trage dich", sagte er. „Bist ja nur ein kleiner, leichter Furz."

„Ich bin kein Furz!", intervenierte ich müde.

„Was hast du denn da auf dem Kopf?", fragte er.

„Es tut weh!", sagte ich.

Er löste die Haube, und ich zog die schmerzenden Haarnadeln aus dem Zopf.

Jakob hob mich hoch. Dankbar schlang ich die Arme um seinen Hals. Dann erinnerte ich mich an das Brot in meiner Schürze. Ich zog es hervor und verschlang es hungrig. Jakobs Wärme und das sanfte Schaukeln seiner Schritte lullten mich ein, und bald darauf war ich an seiner Schulter eingeschlafen.

IM JAHRE DES HERRN 1792

In der Kammer

Nach Weihnachten half Mutter gar nie mehr bei den Arbeiten in der Küche und im Haus, da sie entweder beim Herrn Pfarrer oder in ihrer Kammer war. Sogar die Sonntage verbrachte Mutter vermehrt im Pfarrhaus, weshalb es mir bis auf einige wenige Male erspart blieb, mit ihr am frühen Morgen in der Kirche zu beten und zu beichten.

Vater tröstete sich über Mutters Abweseheit hinweg, indem er abends noch ein paar Krüge voll gegorenem Saft trank, bevor er ins Bett wankte.

So ging der Winter vorbei und es wurde wieder wärmer.

Der Balz fuhr vor, und während draußen die Leute schnatterten, lachten und feierten, schloss sich Mutter ganz in ihrer Kammer ein. Sie sagte, sie wolle von niemandem gestört werden, denn sie sei krank. Da sie nach keinem Doktor und keiner Medizin verlangte und nur Klara erlaubte, ihr die Mahlzeiten in die Kammer, auf einen Hocker gleich neben die Tür, zu stellen, wusste niemand genau, woran Mutter eigentlich litt.

Die Läden des Fensters von Mutters Kammer waren dauernd geschlossen und laut Klaras Berichten sei es dadurch stets stickig in der Kammer. Mutter selbst läge im Bett und habe Klara immer den Rücken zugewandt, soweit sie das im Dunkeln überhaupt erkennen könne. Auf ihre Fragen antworte sie nicht, aber die Schale war jedesmal leer gegessen, wenn Klara sie austauschte, und der Nachttopf benutzt und zum Leeren bereitgestellt.

Manchmal in der Nacht hörte ich die Dielenbretter in ihrer Kammer knarzen, was nur bedeuten konnte, dass Mutter umherging. Darum fragte ich mich, ob Mutter vielleicht doch nicht so krank war, wie sie vorgab.

Nachdem Mutter eine ganze Woche ihre Kammer nicht verlassen hatte, befahl Vater, Mutter nur noch ein einziges Mal am

Tag etwas zu Essen zu bringen. Und oft ging er sogar so weit, dass er, wenn er Klara eine Schale voller Suppe zu Mutter tragen sah, ihr auch diese abnahm und sie zurück in die Küche stellte. „Der Hunger wird sie heraustreiben", brummte er dann jeweils.

Er achtete jetzt ganz genau darauf, wieviel Essen vorhanden war, und fehlte auch nur eine Brotkrume, musste Klara erklären, wo sie abgeblieben war. Trotzdem wollte Klara Mutter in der Kammer nicht hungern lassen, darum zweigte sie heimlich, wenn Vater nicht im Haus war, beim Kochen etwas ab und versteckte es im hintersten Küchenschrank, bevor sie es zu Mutter brachte.

Einerseits tat mir Mutter leid, dass sie kaum mehr etwas zu essen bekam, andererseits war ich einfach nur froh, dass sie nicht mehr zu den Mahlzeiten erschien. Je weniger ich Mutter sah, desto freier fühlte ich mich.

An einem Morgen im Sommer kam Klara zurück in die Küche, in der ich gerade den Abwasch erledigte. Vater war mit den Brüdern und Kurt bereits draußen auf dem Feld, weshalb Klara Mutter das Frühstück hatte bringen können.

Nun aber trug Klara Mutters Teller samt Brot und Käse zurück. „Ich verstehe es nicht", wunderte sie sich. „Mutter ließ mich nicht in die Kammer, als ich anklopfte. Sie habe keinen Hunger, sagte sie durch die Tür."

„Vielleicht ist sie wieder kränker als zuvor", überlegte ich.

„Das ist möglich", stimmte Klara zu und legte das Stückchen Käse von Mutters unangetastetem Frühstück zurück zum großen Laib. Aber dann hob sie es wieder hoch und streckte es mir entgegen. „Hier nimm! Wenn Vater sieht, dass mehr Käse da ist als am Morgen, wird er Verdacht schöpfen."

Erfreut über die Extraportion Käse biss ich hinein und wollte mich wieder dem schmutzigen Geschirr zuwenden, als Klara sagte: „Nein, lass den Abwasch! Mutter hat nach dir verlangt."

„Nach mir?", fragte ich erschrocken und verschluckte mich beinahe am letzten Bissen.

„Ja! Du sollst dich beeilen."

Ich trocknete meine Hände flüchtig an der Schürze ab und ging mit schweren Schritten den Flur zur Kammer entlang. Mein

Herz klopfte wie ein kleiner, ängstlicher Vogel in meiner Brust. Es konnte nichts Gutes bedeuten, wenn Mutter mich sprechen wollte. Ob sie etwas gesehen hatte, das ihren Unmut erregt hatte? Hatte sie vielleicht sogar irgendwie von meinen Ausflügen zum Felsen erfahren?

Vor der Türe atmete ich ein paarmal tief ein, bevor ich vorsichtig die Türklinke hinunterdrückte.

Abgestandene Luft schlug mir entgegen, und Dämmerlicht umfing mich, kaum dass ich in die Kammer getreten war.

„Türe zu, und komm her!", hörte ich Mutter vom Bett her krächzen. Gehorsam schloss ich die Tür und machte zögerlich ein paar Schritte in den Raum hinein.

Meine Augen mussten sich zuerst an das Halbdunkel gewöhnen, bis ich etwas erkennen konnte. Dann sah ich Mutter, die durch mehrere Kissen gestützt im Bett hockte. Die Beine hatte sie angewinkelt und das Nachthemd bis zur Hüfte hochgeschoben.

Es war unschicklich, sich ohne Kleider zu zeigen. Mutter hatte immer darauf geachtet, nicht nackt gesehen zu werden, darum konnte ich nicht nachvollziehen, warum sie jetzt Beine und Gesäß entblößt hatte.

Damit Mutter mir nicht vorwerfen konnte, sie angestarrt zu haben, wandte ich sofort den Blick ab und ließ ihn durch die Kammer schweifen. Auf dem Schrank entdeckte ich einen seltsamen hellen Fleck, den ich zuerst nicht erkannte. Doch beim genaueren Hinsehen begriff ich, dass es der scheussliche gelbe Hut war, den Mutter einst beim Balz gekauft hatte, und der jetzt verstaubt und vergessen war. Als zweites fiel mir ein Laken an der Wand über dem Bett auf. Es verhüllte das Kruzifix, das dort hing. Fast kam es mir vor, als hätte Mutter unseren heiligen Herrn Jesus blind gemacht, damit er nicht sehen konnte, wie unziemlich Mutter sich entblösst hatte.

„Komm endlich her!", hörte ich sie schnaufen.

Ich wandte mich wieder Mutter zu, wobei ich darauf achtete, ihre Nacktheit nicht anzuschauen, und trat verunsichert näher. Mir fiel auf, dass sie dicker geworden war, obwohl sie doch nur noch wenig zu essen bekommen hatte. Der Geruch ihres ungewaschenen Körpers schlug mir säuerlich entgegen. Instinktiv wollte ich mich abwenden, hielt aber inne, als sie ganz eigenartig zu atmen begann. Sie hatte die Augen zusammengekniffen und das Gesicht schmerzhaft verzogen. Beide Hände hatte sie in die Matratze gekrallt. Den Rücken drückte sie wie in einem Krampf gegen die Kissen.

„Was ist mit Euch, Mutter?", fragte ich. Sie musste starke Schmerzen haben. Würde sie sterben? Obwohl es mich erschreckte, überhaupt einen solchen Gedanken zu haben, wünschte ich mir in diesem Augenblick wirklich, sie würde sterben.

Aber bald wurde Mutters Atem wieder leichter, und ihr Gesicht entspannte sich. „Das sind Wehen, dumme Gans", blaffte sie mich an.

Ich hatte keine Ahnung, was Wehen waren und wagte auch nicht nachzufragen. Anhand von Mutters Reaktion musste ich wohl allerdings davon ausgehen, dass sie an diesen Wehen eher nicht sterben würde.

Erneut verkrampfte sich ihr Körper. Sie packte mich am Oberarm und drückte so fest zu, dass ich einen erstaunten Schmerzensschrei nicht unterdrücken konnte.

„Sei still", befahl sie, nachdem auch dieser Krampf, oder die Wehe, wie Mutter sagte, vorbei war. „Und pass auf! Wenn es herauskommt, darf es keinen einzigen, keinen noch so kleinen Laut von sich geben! Hast du mich verstanden?"

Ich begriff nicht. Was würde herauskommen und durfte keinen Laut machen? Unsicher schüttelte ich den Kopf, und ein seltsames Gefühl der Beklemmung breitete sich in mir aus.

„Wieso bist du nur dermaßen dumm?", japste Mutter, erneut im Griff eines Krampfes. Dieses Mal sah es fast so aus, als müsste sie auf den Topf, so sehr drückte sie.

„Soll ich Euch den Nachttopf bringen?"

„Sei nicht so blöd!", keuchte sie. „Wir haben nicht mehr viel Zeit! Nimm das Tuch!" Sie deutete auf ein löchriges, stinkendes Schultertuch neben sich. „Du wirst ihm das aufs Gesicht pressen und seinen Schrei ersticken!"

„Wem?", fragte ich, denn außer Mutter und mir befand sich niemand in der Kammer.

Mutter schnappte nach Luft und drückte erneut. Ich stand neben ihrem Bett und hoffte, sie würde mich nicht schlagen, weil ich einfach nicht erkennen konnte, was sie von mir wollte.

„Nimm es!", befahl Mutter, als sie die Augen wieder geöffnet hatte.

Ich zog das Tuch verängstigt zu mir her.

„Also noch einmal für die Dummen: Da unten!" Mit einer Hand deutete sie zwischen ihre entblössten Schenkel.

Das musste ein gemeiner Scherz von ihr sein. Niemals würde sie mir erlauben, sie dort unten anzusehen, und sollte ich das tun, würde sie mich später bestimmt fürchterlich bestrafen. Beharrlich ließ ich den Blick auf Mutters Gesicht geheftet.

„Wie weit ist es? Nun mach schon! Sieh nach!" Bereits drückte sie wieder und grub ihre Finger wie Krallen in meinen Arm.

„Tu ... was ... ich ... dir ... sage ...!", stieß sie hervor, nachdem sich die Wehe etwas gelegt hatte. „Oder ich schlag dich tot!"

Einen winzigen Augenblick lang spielte ich mit dem Gedanken, einfach aus der Kammer zu stürmen und Mutter mit ihren Wehen alleine zu lassen. Doch ich hatte zuviel Angst, sie würde wieder gesund werden und mich finden, egal wo ich mich versteckte. Es blieb mir keine andere Wahl. Ich blickte also hinunter zwischen ihre Beine und zuckte zurück. Doch ihr Griff hielt mich fest.

„Und?", blaffte sie und presste meinen Arm zusammen. „Und?"

Ihrer Stimme war drohend, darum tat ich, was sie wollte und spähte bei der nächsten Wehe noch einmal hinab.

Im Dämmerlicht sah ich, was ich schon beim ersten Mal vage erkannt hatte. Zwischen ihren Beinen hatte sich ein Geschwulst gebildet. Groß und rund wölbte es sich hervor, bevor es sich wieder etwas zurückzog, nachdem Mutter aufgehört hatte, zu drücken.

„Ist der Kopf schon da?", fragte sie schwer atmend, und mit einem Schlag wurde mir endlich alles klar. Mutter bekam ein Kind, und sie hatte es vor uns allen geheim gehalten.

Ich schüttelte den Kopf, um ihre Frage zu beantworten.

„Beim nächsten Mal wird es da sein und du drückst ihm den Schal aufs Gesicht!"

„Wieso?", fragte ich.

„Frag nicht so blöd, du dumme Gans! Damit es nicht schreit!"

Ich wusste nichts übers Kinderkriegen, doch dass das Neugeborene am Schreien gehindert werden sollte, das begriff sogar ich, war gar nicht gut.

„Aber Mutter", wagte ich einzuwenden.

„Komm mir nicht mit ‚aber Mutter'! Dieses Ding will ich nicht und kann es nicht gebrauchen! Darum wirst du tun, was ich dir sage!"

Mit der nächsten Wehe kam tatsächlich der ganze Kopf heraus.

Mutter atmete schwer und sah mich streng an. Wieder krallten sich ihre Finger in meinen Arm. „Ich warne dich, Göre! Tu, was ich dir sage, oder ich schlag dich tot. Ich schlag dich tot und ich schlag dieses Ding tot. Du kannst es dir aussuchen. Entweder dieses Ding stirbt oder ihr beide …!" Die letzten Worte verloren sich in einem erneuten Krampf, und mit einem Schwall von Blut und Wasser wurde ein winziges Kind geboren. Was sollte ich bloß tun?

Mutter keuchte. „Worauf wartest du? Drück zu! Niemand darf es hören!"

Zaghaft legte ich dem Kind das Tuch aufs Gesicht.

„Fester!", befahl Mutter japsend. „Drück zu! Wenn du es nicht tust, schlag ich auch den Hermann tot, diesen unnützen Kerl! Und du wärst schuld! Du allein!"

Ein Schluchzen stieg in meiner Kehle hoch. Tränen rollten mir über die Wangen. Ich wollte nicht schuld sein an Hermanns Tod, also tat ich, was sie von mir verlangte und drückte das stinkende Tuch fest auf das kleine Gesichtchen.

„Noch fester!"

Die Tränen in meinen Augen verhinderten barmherzig, dass ich sah, was ich tat. Ich verbot mir jeglichen Gedanken an das kleine Geschöpfchen, dessen zuerst noch heftige Bewegungen immer schwächer wurden, bis sie ganz erschlafften und unter meinen Händen kein Zucken mehr von Leben zeugte.

Jäh riss ich die Hände zurück, angewidert von meiner Tat. Meine Arme hingen wie gelähmt an meinen Seiten, während ich keuchend dastand.

Das Leben war nicht nur aus dem kleinen Körperchen unter dem elenden Tuch gewichen, sondern auch aus mir. Ich war nicht mehr in der Lage, etwas zu tun, zu fühlen oder mich zu bewegen. Ich wusste nicht einmal, ob ich je wieder die Kraft finden würde, überhaupt irgendetwas zu tun.

Mutter lehnte sich zurück, und dann begann sie schon wieder zu drücken.

Schlagartig kehrte das Leben in mich zurück. Entsetzt schrie ich auf. „Bitte nicht noch eines!", schluchzte ich.

Etwas Großes flutschte aus Mutter heraus. „Halt den Mund, dumme Kuh, das ist nur die Nachgeburt", grunzte sie.

Mit Abscheu sah ich, wie sich ein zufriedener Zug auf ihrem Gesicht ausbreitete. „Das hätte ich schon bei dir tun sollen! Es hätte mir viel Ärger erspart." Sie lehnte sich in ihre Kissen zurück. „Und nun nimm das Ding und die dreckigen Tücher. Verbrenn die Decken in der Küche. Klara sollte dich nicht stören, sie müsste im Wäschehäuschen sein. Das Ding wirfst du den Schweinen zum Frass vor. Die freuen sich über etwas Fleisch. Und …! Ich warne dich: Solltest du zu irgendjemandem auch nur ein einziges Sterbenswörtchen sagen, so verspreche ich dir, wird etwas Schlimmes passieren! Vielleicht fällt die Klara die Treppe hinunter und bricht sich den Hals. Und du kannst dir selber die Schuld geben! Oder vielleicht stößt auch Hermann etwas zu. Willst du das oder nicht?"

Voller Angst starrte ich Mutter an.

„Ich sage es noch einmal, halt den Mund! Zu niemandem ein Wort! Und nun trödle nicht herum, mach endlich!"

Blind vor Tränen wickelte ich das kleine Körperchen in den stinkenden Schal, drückte es an meine Brust und raffte die blutigen Betttücher zusammen. Dann floh ich aus der Kammer. Stolperte den Flur entlang in die Küche. Dort stopfte ich die Tücher in den Herd, legte noch etwas Holz darauf und starrte ins Feuer, das an der neuen Nahrung zu lecken begann.

In mir tobte der Schmerz wie ein wildes Tier, und meine Gedanken überschlugen sich. Was hatte ich nur getan? Wieso nur war ich nicht davongelaufen? Wieso hatte ich mich dazu bringen lassen, so etwas Schreckliches zu tun? Sie sagte, sie würde Hermann totschlagen. Ob sie das wirklich ernst gemeint hatte? Ich traute es ihr zu, und ich wollte nicht, dass Hermann meinetwegen sterben würde. Doch nun war das Neugeborene gestorben. Nein, nicht gestorben. Ich hatte es getötet. Ich allein, mit meinen eigenen Händen! Durch nichts und niemanden konnte ich das je wiedergutmachen.

Wellen der Verzweiflung drohten, mich fortzuspülen, bis mich das Knacken eines Holzscheits im Feuer zusammenzucken ließ. Erschrocken wirbelte ich herum. Hatte mich jemand gesehen, während ich vor dem Herd gestanden hatte? Zu meiner Erleichterung war die Küche leer.

Hastig drückte ich das kleine Körperchen fester an meine Brust, und so schnell mich meine Beine trugen, rannte ich aus dem Haus. Weg von ihr und ihrer stinkenden Kammer und all dem Grässlichen, das dort geschehen war.

Schluchzend lief ich hinter den Hof, hinaus auf die Felder und durch die Wiesen, so weit weg ich nur konnte. Ich schaute nicht, wohin ich lief. Erst als ich japsend Atem holen musste, erkannte ich, wohin mich meine Füße getragen hatten. Ich befand mich mitten in dem Wald, in dem ich schon so viele Male mit Wilhelm gewesen war. Nur wenige Schritte von hier sprudelte der Bach über die Felsen zur Mühle hinunter.

Erschöpft sank ich auf die Knie und legte das Bündel vor mir ab.

„Wirf das Ding den Schweinen zum Fraß vor", dröhnte Mutters Stimme in meinem Kopf.

Doch das, so schwor ich mir, würde ich auf gar keinen Fall tun. Dieses Kind würde nicht von den Schweinen gefressen werden.

Ich würde es begraben. In diesem Wald, in den Mutter nie einen Fuß gesetzt hatte. Ich war ihm das schuldig, dem Kind, das meinetwegen nie seinen ersten Atemzug getan hatte.

Mit bloßen Händen legte ich eine Mulde frei und kleidete sie mit duftenden Tannenzweigen und Blumen aus. Dann schlug ich den stinkenden Schal zurück. Winzig lag das kleine Körperchen vor mir. Die Haut war grau, und die Härchen klebten nass am

Köpfchen. Die Augen, mit goldenen Wimpern, wie ich sie selber hatte, waren geschlossen, und dieses rote, blutige Ding, das Mutter Nachgeburt genannt hatte hing an etwas, das aussah wie ein langer Schweinedarm, am Bauch des Kindes.

Ein kleines Mädchen. Eine Schwester. Meine Schwester!

Und anstatt, dass ich sie gekitzelt hätte, bis sie glucksend hätte lachen müssen, hatte ich verhindert, dass sie je lachen würde. Ich hatte sie umgebracht. Erneut schüttelten mich Schluchzer, und mir flossen heiße Tränen über die Wangen.

Ich nahm das Kind vorsichtig auf den Arm. Streichelte sein ausdrucksloses Gesichtchen.

„Es tut mir so leid! Es tut mir so unendlich leid", weinte ich immer und immer wieder und schaukelte vor und zurück, als würde ich ein Kind in den Schlaf wiegen. Doch dieses Kind, das ich wiegte, schlief bereits und würde von niemandem mehr geweckt werden können.

Ich weiss nicht mehr, wie lange ich dort mit meinem Schwesterchen im Arm gekniet hatte. Irgendwann versiegten die Tränen, als hätte ich mich leergeweint. An ihre Stelle trat Stille, und aus dieser Stille stieg ein Lied hoch.

Leise begann ich, zu singen. Ich sang für meine Schwester und für mich, und als das Lied geendet hatte, wartete bereits ein zweites und ein drittes und noch eines. Die Töne perlten wie Tautropfen über mein Schwesterchen, und ich sang, während ich den kleinen Körper auf die weichen Äste in die Grube bettete. Ich bedeckte ihn mit weiteren Ästen, bevor ich Erde darüber häufte und alles unter Moos verbarg.

Mit einem einzelnen großen Stein kennzeichnete ich das Grab.

Dann stand ich auf. Die Lieder waren verklungen, nicht so die Schuld dieses Tages. Sie, das ahnte ich, würde mein Leben lang bleiern auf meinen Schultern liegen.

Ich war im Begriff zu gehen, als mein Blick auf den grässlichen Schal neben dem Grab fiel. Nein! Auf gar keinen Fall sollte der in der Nähe meiner Schwester sein! Nichts, gar nichts von Mutter durfte ihre Ruhe hier stören!

Mit Ekel hob ich ihn hoch. Noch ein letztes Mal blickte ich auf das kleine Grab zurück und trat mit müden Beinen den Rückweg an.

Irgendwo, weit entfernt von meiner Schwester, warf ich den Schal unter ein Dornengebüsch.

Um Mutters Gestank von meinen Fingern zu bekommen, strich ich sie an der Schürze ab. Doch das nützte nichts.

Nach wie vor stanken meine Hände nach ihr und ihrer Kammer. Als ich an einer Quelle vorbeikam, tauchte ich die Hände hinein und begann, sie heftig zu reiben. Auch das brachte nichts, sie fühlten sich weiterhin schmutzig und unrein an. Gab es denn nicht genug Wasser, um den Gestank zu vertreiben!?

Ich griff nach einem Stein, als wäre er eine Seife. Hektisch scheuerte ich damit über die Haut wie im Wahn, immer fester, immer härter. Bis hinauf zu den Ellbogen. Von irgendwoher hörte ich jemanden schreien, laut, voller Verzweiflung. Irgendwann wurde mir bewusst, dass ich selber es war, die sich die Seele aus dem Leib schrie.

Die Kanten des Steins hinterließen tiefe Schnitte in meinen Händen und Armen, trotzdem konnte ich nicht aufhören, zu scheuern.

Warmes Blut mischte sich mit dem Wasser und endlich, endlich floss der Gestank ab.

Der Schmerz in meinen Armen überdeckte gnädig jenen in meinem Herzen. Langsam wurde ich ruhiger, das Schreien leiser, bis es sich in trockenem Schluchzen verlor. Der Stein glitt mir aus den Händen.

Erschöpft legte ich mich auf den Boden gleich neben der Quelle und kringelte mich ein. Ich schloss die Augen und wünschte mir nur noch, sterben zu dürfen.

Wilhelm

Von Weitem hörte ich meinen Namen rufen. Wie durch Nebel. Nein, dachte ich, geht weg! Lasst mich sterben!

Das Rufen kam unerbittlich näher, und bald spürte ich, wie sich eine Gestalt über mich beugte.

„Luisli, was ist mit dir?"

Wilhelm.

„Luisli, Luisli?" Er klang besorgt. „O Gott, Luisli, du blutest! Was ist geschehen? Luisli, wach auf!"

„Lass mich!", versuchte ich zu sagen, doch ich war zu müde, als dass die Worte über meine Lippen gekommen wären.

„Du hast geschrien! Sag mir doch, was passiert ist. Komm, mach jetzt die Augen auf!" Er schüttelte mich.

Ich versuchte, die Augen zu öffnen und ihm zu sagen, dass er sich keine Sorgen zu machen brauchte. Dass ich einfach nur hier liegen und schlafen wollte. – Schlafen und nie mehr aufwachen, genau wie meine Schwester.

„Mari-Luis! Sieh mich an!"

Meine Lider waren schwer wie Blei. Nur mit größter Anstrengung gelang es mir, sie einen Spalt breit zu öffnen. Ich erkannte Wilhelms Gesicht über mir. In seinem Blick lag Furcht.

„Da ist überall Blut! Bist du gestürzt?"

Die Augen fielen mir wieder zu.

„Bist du alleine zu unserem Felsen gegangen? Wieso hast du das getan? Wir haben doch gesagt, wir gehen immer zusammen."

Ich nahm all meine Kraft zusammen und hauchte: „... Lass ... schlafen ..."

„Du kannst hier nicht schlafen!", rief er aufgebracht. „Du musst nach Hause. Klara hat sich Sorgen gemacht, als du beim Abendessen nicht zu Hause warst. Ich hab mir schon gedacht, du könntest zum Felsen gegangen sein. Also bin ich los, um dich zu holen und dann habe ich dich schreien gehört."

„Abend …?" So spät konnte es doch noch nicht sein!

„Es ist fast Schlafenszeit! Zum Glück habe ich dich gefunden. Komm, ich helf dir aufzustehen! Klara muss dich verbinden. Du blutest wirklich schrecklich."

Er versuchte, mich auf die Füsse zu ziehen. Aber ich konnte nicht stehen. Die Beine knickten unter mir weg. Also fasste Wilhlem mich von hinten um die Brust und schleppte mich ein paar Schritte weit, bevor er mich wieder auf den Boden sinken ließ.

„Es hat keinen Sinn. Ich kann dich nicht bis zum Hof tragen. Was sollen wir nur tun?" Ganz nervös hüpfte er auf und ab, dann beugte er sich wieder zu mir hinunter. „Ich muss Hilfe holen! Hörst du? Ich werde so schnell wie möglich zurück sein. Geh nicht fort! Ich bin gleich wieder da."

Noch während sich seine Schritte entfernten, glitt ich wieder in den Schlaf. Kurz wachte ich auf, als ich hochgehoben wurde.

Jakob.

Er bettete meinen Kopf an seine Schulter und trug mich fort. Wieder schlummerte ich ein. Als ich das nächste Mal die Augen aufschlug, lag ich auf meiner Pritsche. Ich ertastete Verbände an meinen Händen und den Armen.

„Na endlich wachst du auf, kleines Mäuschen." Klara saß neben mir. „Wie geht es dir?" Sie legte mir ein nasses, kühles Tuch auf die Stirn. „Was hast du nur getan?"

Alle schrecklichen Erinnerungen, die der Schlaf gedämmt hatte, kehrten durch Klaras Worte augenblicklich wieder zurück.

„Gehst so weit fort vom Hof und dann auch noch alleine!", lamentierte sie. „Was hast du dir nur dabei gedacht? Was wäre passiert, wenn Willi dich nicht gefunden hätte? Du hast dich verletzt, als du gefallen bist, und jetzt hast du Fieber. Gib mir das nächste Mal Bescheid, wenn du …"

Und wieder glitt ich in den Schlaf zurück.

Nach drei Tagen verließ ich das Bett. Trotz der Verbände versuchte ich, so gut es eben ging, Klara wieder zur Hand zu gehen.

Mutter erholte sich erstaunlich schnell von ihrer angeblichen Krankheit. Sie kam aus ihrer Kammer, was Vater zufrieden brummen ließ: „Hab ich es doch gesagt: Der Hunger treibt sie heraus!"

Ich hatte befürchtet, dass Mutter mich zwingen könnte, ihr genau zu beichten, was ich mit dem toten Körperchen gemacht hatte. Aber sie tat, als hätten die schrecklichen Ereignisse in ihrer Kammer nie stattgefunden. Sie fragte mich weder danach, ob ich ihre Anweisungen befolgt hatte, noch interessierte es sie, wieso ich eingebundene Hände und Arme hatte. Sie drohte mir auch nicht mehr damit, dass jemand sterben könnte, falls ich redete. Allerdings war das auch nicht nötig. Niemals hätte ich freiwillig irgendetwas über das Grauenhafte verlauten lassen, das ich meiner Schwester angetan hatte.

Bereits ein paar Tage nachdem Mutter aus der Kammer gekommen war, nahm sie die Arbeit beim Herrn Pfarrer wieder auf und kehrte jeweils mit einigen Münzen, spät am Abend, zum Hof zurück.

So war bald alles wieder wie zuvor: Mutter ließ sich kaum mehr auf dem Hof blicken, Klara und ich verrichteten die Arbeit alleine und Vater trank sich abends in den Schlaf.

Nur etwas war ganz und gar anders: In mir tobte und wütete die Schuld und wollte sich nicht beruhigen. Aus Angst davor, Mutter könnte ihre schrecklichen Drohungen wahr werden lassen, wenn ich nicht tat, als sei alles in Ordnung, kämpfte ich gegen meine Gefühle und versuchte, sie tief in mir zu verstecken.

Bis eines Tages nach dem Mittag Hermann zu mir in den Garten kam.

„Mari-Luis, was ist mit dir?", fragte er.

Ich unterbrach mein Bemühen, die Erde aufzulockern und sah ihn vorsichtig an. „Was meinst du?"

„Seit einiger Zeit, oder sollte ich sagen, seit du dich verletzt hast, bist du eingeschüchtert und durcheinander. Was ist los?"

Ich erschrak. Warum sagte Hermann das? Hatte er etwas gesehen? Etwas bemerkt? „Es ist nichts", entgegnete ich gezwungen beiläufig und wandte mich wieder meiner Arbeit zu, damit er aufhören würde, weiter zu fragen.

Aber Hermann dachte nicht daran, mich in Ruhe zu lassen. Er kniete sich zu mir herunter, legte mir eine Hand auf den Arm und hinderte mich am Weitermachen. „Sieh mich an!"

Zögerlich hob ich den Blick.

„Im Gegensatz zu anderen, die nicht sehen wollen, sehe ich sehr wohl."

„Was siehst du?", flüsterte ich angsterfüllt.

„Ich sehe deine Verletzungen, und dass sie weiter reichen als nur über deine Arme, und ich sehe, dass Mutter wieder gesund wird, während du immer verstörter wirst."

„Sprich nicht weiter!", hauchte ich. Obwohl es erst früher Nachmittag war, blickte ich mich angstvoll um. War Mutter bereits in der Nähe? Hatte sie gehört, was Hermann gesagt hatte?

„Mari-Luis, wenn Mutter irgendetwas gesagt hat, das dich bedrückt: Glaub ihr nicht! Sie meint es nicht gut mit dir. Mit niemandem von uns!"

Bei seinen Worten traten mir Tränen in die Augen. Ich konnte es nicht verhindern.

„Glaub ihr nicht!", wiederholte er eindringlich und legte seine Hand kurz auf meine Schulter, bevor er sich erhob. Ich blickte ihm nach, wie er über den Gartenzaun stieg und sich entfernte.

Energisch wischte ich mir die Tränen aus den Augen. Ich musste meine Gefühle besser verbergen, befahl ich mir. Wenn Hermann etwas bemerkt hatte, würde den andern vielleicht auch etwas auffallen, und das durfte auf keinen Fall geschehen. Nichts sollte Mutter Anlass geben, an meinem Schweigen zu zweifeln.

Besser als mein Herz, heilten meine Wunden an den Armen und Händen. Als ich die Verbände abnahm, zeigte es sich zwar, dass hässliche Narben zurückgeblieben waren.

Klara klagte, dass meine Arme für immer entstellt seien und ich dadurch eine weniger gute Aussicht auf einen heiratswilligen Mann hätte. Ich jedoch verstand die Narben als Teil meiner

Strafe, und jedes Mal, wenn ich sie ansah, erinnerten sie mich an meine Schwester.

Vater kündete eines Abends im Spätsommer an, dass am nächsten Tag das Getreide eingefahren werden sollte. Er brauchte dafür jede Hand, die aufzutreiben war. Selbst Mutter musste mithelfen und durfte nicht ins Dorf gehen.

Der Tag brach mit strahlendem Sonnenschein an.

Klara und ich packten Brot, Käse und Äpfel in einen grossen Korb. Sogar ein paar Streifen vom getrockneten Fleisch erlaubte uns Vater mitzunehmen. Wir hievten den Korb auf den Wagen, vor dem schon die Pferde eingespannt waren.

Zum ersten Mal seit dem schrecklichen Vorfall spürte ich wieder ein bisschen Freude in mir. Der Tag draußen auf dem Feld versprach, eine willkommene Abwechslung von der ewigen Hausarbeit und von den unaufhörlich rotierenden Gedanken in meinem Kopf zu werden. Die Getreideernte war jedes Jahr etwas Spezielles, fast wie ein kleines Fest. Ich band mein Kopftuch im Nacken zusammen, Wilhelm half mir auf den Wagen, und schon zogen die Pferde an.

Draußen auf dem Feld schnitten die Männer die goldenen Ähren mit der Sense ab, und wir Frauen banden sie zu Garben zusammen und stellten sie zum Trocknen aneinander. Bis zum Mittag hatten wir einen großen Teil des Feldes geschnitten, und die aneinander gestellten Garben sahen aus wie spitze Hüte in der Landschaft.

Unter einer ausladenden Linde machten wir es uns zum Essen gemütlich und verzehrten Brot, Fleisch und Käse. Ein Krug mit frischem, klarem Wasser aus einem nahen Bächlein ging von Hand zu Hand. Wir waren alle verschwitzt, aber fröhlich.

Auch Vater war ausgelassen. Offenbar sah er einer ertragreichen Ernte entgegen. „Du hast gut gekocht", scherzte er mit mir und zwinkerte mir zu.

Ich errötete. Es kam nicht oft vor, dass Vater mit mir sprach, und dass er mit mir scherzte, hatte es noch gar nie gegeben.

„Ja, das Luisli schmeißt bald den ganzen Haushalt alleine. Sie ist groß geworden", lachte Jakob und zwickte mich in die Wange.

„Ich heiße Mari-Luis", sagte ich.

„Köbi, du hast recht", überlegte Vater. „Wir sollten daran denken, das Luisli zu verheiraten."

„Sie ist noch nicht einmal acht!", wunderte sich Wilhelm.

„Es schadet nie, wenn man früh genug Ausschau hält. Ich werde einen reichen Mann finden müssen, der eigenes Land besitzt, damit unser Hof noch größer wird."

Mir gefiel diese Unterhaltung nicht und schon gar nicht die Vorstellung, dass Vater mich an einen reichen Bauern verschachern wollte. Ein Mann, der Land einbrachte, soviel war mir klar, würde zweifelsohne auf dem Hof einziehen wollen, was bedeutete, dass ich mein ganzes Leben hier würde verbringen müssen. Hier, unter Mutters Aufsicht.

„Köbi! Selbstverständlich wirst auch du reich heiraten, damit du der einflussreichste Bauer des ganzen Toggenburgs wirst, sobald ich nicht mehr bin", phantasierte Vater weiter und warf Jakob einen vielsagenden Blick zu.

Jakob erwiderte den Blick gezwungen lächelnd.

„Der Köbi hat sich aber in die Judith von den Kummers verguckt. In der Schule hat er sie sogar geknutscht!", warf Wilhelm vorlaut ein.

„Sei still!", zischte Jakob.

„Jaja", erwiderte Vater. „Du machst das richtig! Amüsierst dich, solange du kannst. Doch deine Pflicht kennst du! Du musst an den Hof denken! Die Kummers sind mausarm und nichts zum Heiraten. Du wirst eine anständige Partie machen! Das ist ja wohl klar, nicht wahr, Köbi?"

Jakob sagte nichts. Ich fing kurz seinen Blick auf und las in seinen Augen, dass er sich genauso verkauft fühlte wie ich.

Bevor wir wieder zurück aufs Feld gingen, erlaubte uns Vater, uns am nahen Bächlein noch etwas abzukühlen. Wilhelm streckte seine Arme hinein, und Jakob und ich ließen die Füße ins Wasser baumeln. Hermann tauchte seinen breitkrempigen Hut in den Bach und stülpte ihn sich triefend wieder auf den Kopf. Auch Kurt ließ sich eine Erfrischung nicht entgehen.

Plötzlich fing Wilhelm an, uns mit Wasser zu bespritzen. Kurt machte es ihm nach. Übermütig spritzte er bis zu Klara hinüber, die sich ein kleines Nickerchen im Gras gegönnt hatte. Mit einem lauten Schrei fuhr sie hoch. Der Knecht grinste frech, und Klara raste zum Bach, wo sie mit beiden Händen Wasser in Kurts Richtung schaufelte und dabei uns alle traf. Wir lachten und kreischten, und schon war eine heftige Wasserschlacht im Gange. Wilhelm trieb es so bunt, dass Kurt ihn bald packte und kurzerhand ins Bächlein setzte. Es sah zu lustig aus, wie Wilhelm patschnass im Bach hockte. Wir prusteten los, und Wilhelm lachte am lautesten mit, bis uns Vater wieder zur Arbeit rief.

„Ihr seid nass bis auf die Knochen", blaffte Mutter uns an.

„Das trocknet in der Sonne ja gleich wieder", entgegnete Jakob unbeschwert. Er schnappte sich seine Sense. Die Männer gingen aufs Feld, während Klara und ich noch das restliche Essen zusammenpackten.

„Lass das Luisli das alleine tun!", raunzte Mutter Klara an. „Zumal sie ja angeblich eh den ganzen Haushalt schmeißt! Geh du zur Arbeit, Klara!"

„Gewiss, Frau Annelies", sagte Klara gutmütig und entfernte sich.

Ich wollte sie an der Schürze packen. Ihr zurufen: „Geh nicht weg! Lass mich nicht allein mit ihr!" Doch ich blieb still.

Es war das erste Mal seit jenem Tag, dass ich mit Mutter alleine war. Ich fühlte mich unwohl und befangen in ihrer Nähe. So schnell ich konnte, räumte ich alles in den Korb und wollte ihn eben auf den Wagen stellen, als Mutter mich am Arm packte.

„Was fällt dir eigentlich ein, dich so zu verhalten!", fuhr sie mich an. „Sieh dich an! Die Kleider kleben an dir, so nass bist du!"

„Entschuldigt, Mutter!", flüsterte ich.

„Ach ja? ‚Entschuldigt, Mutter' ist alles, was dir dazu einfällt? – Willst erwachsen sein! Redest vom Heiraten! ‚Aber für das Luisli bitte nur einen Reichen! Für das Luisli nur das Beste!' Und dann führst du dich so kindisch auf! Wenn du erwachsen sein willst, dann benimm dich auch so!" Zur Unterstreichung ihrer Worte gab sie mir eine schmerzhafte Kopfnuss, dann folgte sie Klara.

Ich stellte den Korb auf den Wagen und sah nochmals an mir hinunter. Meine Kleider tropften. Ich stand in einer kleinen Pfütze.

Mutter hatte Recht. Was war nur in mich gefahren? Wie hatte ich so ausgelassen sein können, wo ich doch meiner Schwester das Leben genommen hatte?

Ich blickte auf meine vernarbten Hände. Scham stieg in mir hoch. Nein, das durfte nicht noch einmal geschehen! Von jetzt an musste ich mir streng verbieten, je wieder fröhlich zu sein.

Die Sonne stand schon über den Hügeln, als wir mit dem Wagen voller goldener Garben auf den Hof zurückfuhren. Die Männer begannen sofort abzuladen, während Klara und ich in der Küche nach dem Rechten sahen und das Abendbrot vorbereiteten. Mutter half uns nicht, worüber ich froh war.

Zuerst entfachte ich Feuer im Herd und schnitt danach Gemüse für die Suppe klein.

Plötzlich drang Stimmengewirr durchs offene Fenster.

„Was ist denn da los?", wunderte sich Klara. Sie trat ans Fenster und schaute hinaus.

„Aus der Scheune …", begann sie, als wir ganz deutlich Jakob in höchster Panik schreien hörten.

Das Messer rutschte mir aus der Hand und schnitt mir in den Finger. Ich spürte den Schmerz nicht. Angst schnürte mir die Kehle zu, ließ mich aus der Küche stürmen.

Mit klopfendem Herzen eilte ich die kleine Treppe in den Hof hinunter, lief zur Scheune hinüber. Der Wagen, auf dem noch die halbe Ernte lag, stand vor dem Tor. Ich zwängte mich an ihm vorbei, in die Scheune hinein. Klara folgte mir, was ich jedoch kaum bemerkte.

Abrupt blieb ich stehen, als ich Mutter und Kurt vor der Leiter stehen sah, die zum Heustock hinaufführte. Vor ihnen, mit dem Rücken zu mir, knieten Jakob und Vater am Boden.

Niemand schrie mehr. Es war still, grauenvoll, unnatürlich still.

Unvermittelt wurde ich am Arm gefasst. Nicht grob, wie Mutter es tat, sondern sanft und fürsorglich. Hermann zog mich zur Seite.

„Geh nicht dort hin", sagte er.

Doch ich musste wissen, was geschehen war. Wieso Jakob geschrien hatte. Ich befreite mich aus Hermanns Griff und trat näher.

Vater drehte sich zu uns herum. Sein Gesicht war von Wut verzerrt. „Komm her!", befahl er und deutete auf Hermann. „Du willst doch immer Arzt werden. Zeig, was du kannst, und tu etwas!"

Mit zwei weiteren Schritten war ich neben Kurt und drängte mich zu Jakob hindurch.

Und dann sah ich ihn.

Er lag neben der Leiter auf dem Rücken. Sein Kopf mit dem blonden Stoppelhaar war seltsam verdreht.

Ich sank auf die Knie. „Oh nein! Wilhelm!", rief ich und schüttelte ihn. „Wilhelm!" Seine Augen starrten blicklos ins Leere.

Wieder war Hermann an meiner Seite, zog mich hoch, legte mir einen Arm um die Schultern.

„Was ist mit ihm?", fragte ich, obwohl ich genau wusste, was mit ihm war. Vielleicht hoffte ich, durch meine Frage das Unabänderliche abwenden zu können.

„Er ist von der Leiter gefallen."

Vater schrie auf wie ein verwundetes, wütendes Tier.

„Tu etwas!", schrie er Hermann an. „Bist du denn zu gar nichts nütze?"

„Niemand kann etwas tun!", gab Hermann zurück. Ich hatte ihn noch nie laut sprechen gehört, doch jetzt schrie er fast. „Seht Ihr es nicht? Er ist tot! Tot!"

Tot! Das Wort fuhr wie ein Blitz durch mich hindurch. Tot!

‚Vielleicht fällt die Klara von der Treppe und bricht sich den Hals. Oder der Hermann.'

Mein Blick raste zu Mutter hinüber. Sie stand nur da. Dann sah sie mich an, mit kalten, dunklen Augen.

War es möglich, dass Mutter geglaubt hatte, ich hätte geredet? Dass Wilhelm deshalb verdreht und tot am Boden lag?

„Nein!", schrie ich entsetzt auf. „Nein! Ich habe nichts gesagt. Zu niemandem!" Sofort biss ich mir in die Faust, um meine Worte zu ersticken.

Ich wirbelte herum und stürzte aus der Scheune. Genau wie unlängst mit meiner toten Schwester im Arm rannte ich auch jetzt durch die Felder und über die Hügel, dem Felsen bei der Mühle zu. Erst beim kleinen Grab blieb ich stehen, atmete ein paarmal tief ein und aus, bevor ich am Hang entlang kraxelte und auf den Felsen an den äußersten Rand trat.

Das Mühlrad drehte sich wie all die andern Tage zuvor, als wäre nichts geschehen. Als wäre Wilhelm an meiner Seite.

Ich schloss die Augen und versuchte, den Schmerz und das Entsetzen zu verdrängen, dass ich auch an Wilhelms Tod schuld sein könnte.

Dabei hatte ich doch gar nichts gesagt. Ich hatte das Geheimnis bewahrt. Oder war ich irgendwann, ohne es zu wollen, unvorsichtig gewesen? Hatte Wilhelm darum sterben müssen?

Der Abgrund lag vor mir. Was hatte mir Wilhelm eingeschärft, als wir das erste Mal hier gestanden hatten? ‚Wenn du nur einen einzigen Schritt zuviel machst, fällst du, und glaub mir, so einen Sturz würdest du nicht überleben.'

Wie würde es sich anfühlen, diesen einen Schritt weiter zu gehen? Wäre dann Ruhe? Frieden? Keine Angst und keine Schuld mehr?

Schon hob ich den Fuß, da legte sich mir eine Hand auf die Schulter.

Hermann.

Fast hatte ich geahnt, dass er mir folgen würde. Er zog mich zurück.

Ich klammerte mich an ihn, schluchzte in sein Hemd. Er hielt mich, strich mir ungelenk übers Haar.

„Ich bin schuld …", weinte ich, „… dass er tot ist."

„Du? Warum sagst du so etwas?"

„Mutter hat …", begann ich, doch dann schüttelte ich den Kopf. Nein, ich durfte nichts preisgeben. Nicht einmal Mutters Drohung. Sonst würde auch Hermann irgendwann tot am Boden liegen.

„Was hat Mutter?", fragte Hermann streng.

Wieder schüttelte ich den Kopf.

Er packte mich bei den Schultern und hielt mich auf Armeslänge von sich. „Hör mir gut zu! Schon einmal habe ich es dir gesagt und sage es noch einmal: Glaube Mutter nicht! Egal, was sie gesagt hat. Sie meint es nicht gut! Und du bist ganz bestimmt nicht schuld, dass Wilhelm tot ist! Hörst du! Du bist nicht schuld!"

„Wieso ist er dann gestürzt?" Er, der sich stets so behände bewegte? „Wie kann das möglich sein?"

„Eine Sprosse der Leiter ist gebrochen, als er darauf getreten ist. Niemand ist daran schuld!"

Zu gern wollte ich seinen Worten glauben. Mir die Bürde von den Schultern nehmen lassen. „Vielleicht war es auch Gott, der mich bestrafen wollte", sagte ich leise.

„Gott bestraft keine kleinen Mädchen, die Angst haben!", erwiderte Hermann.

„Bist du sicher?"

Er zog mich wieder zu sich heran. „Ganz sicher."

Mein Kopf sank erschöpft an seine Schulter. Er legte sachte seine Wange auf mein Haar.

„Wo denkst du, dass Wilhelm jetzt ist?", fragte ich nach einer Weile, und die Tränen stiegen mir wieder in die Augen.

Er zuckte leicht mit den Achseln. „Ich weiß nicht. Aber bestimmt an einem besseren Ort. Wo er nicht zur Schule gehen muss und keine Schläge bekommt und den ganzen Tag auf den Wiesen herumtollen kann."

Ein Lächeln stahl sich bei dieser Vorstellung durch meine Tränen. Wilhelm, wie er ausgelassen über die Wiesen hüpft. Doch es würden Wiesen sein, weit weg von uns. „Wie sollen wir nur weitermachen ohne ihn?"

„Irgendwie wird das Leben weitergehen, auch wenn wir ihn jeden Tag vermissen werden."

Ich spürte, wie eine Träne auf mein Haar tropfte.

Still standen wir beieinander. Die Sonne versank hinter dem Wald. Langsam wurde es dunkel.

Abschied

Wilhelms Körper wurde in der guten Stube aufgebahrt. Der Tisch war auf die Seite geschoben und dafür eine Holzliege hineingestellt worden. Die Fensterläden waren geschlossen und der dunkle Raum wurde lediglich mit vier großen Kerzen beleuchtet.
Mit wächsernem Gesicht lag Wilhelm in dieser Stille. Jemand, vermutlich Klara, hatte ihm einen kleinen Strauß Blumen aus dem Garten und ein Kruzifix in die wie zum Gebet gefalteten Hände gegeben.
Was für eine seltsame Haltung für den stets fröhlichen und zappligen Wilhelm, dachte ich, als ich mit Hermann zur Liege trat.
Ich legte meine Hand auf die von Wilhelm, sie war eiskalt. Sofort zog ich meinen Arm wieder zurück. Nein, das war nicht mehr Wilhelm, sondern nur noch eine wächserne Hülle.
Auch wenn ich Wilhelm nicht mehr wahrnehmen konnte, so blieb ich doch neben seiner Leiche, bis Klara mich spät in der Nacht ins Bett schickte.
Jakob, Hermann, Klara und ich übernahmen die Totenwache alleine, denn Mutter hatte sich erneut in ihrer Kammer eingeschlossen und Vater hatte, seit Wilhelm gestürzt war, einen Krug Saft nach dem andern getrunken, war später zu Bier gewechselt und schließlich zu Gebranntem. Seither war er kaum mehr ansprechbar.
Nebst der Totenwache hatten Klara und ich auch noch Unmengen von Kuchen und Brot gebacken.
Anders als bei meiner Schwester, deren Tod ich alleine betrauert hatte, kamen hier die Nachbarn vorbei. Sie beäugten neugierig Wilhelms toten Körper, drückten uns die Hände und beteuerten, wie sehr sie von diesem Verlust selber betroffen seien. Ich wagte daran zu zweifeln, da Wilhlem als Lausebengel in der ganzen Umgebung bekannt gewesen war.

Nach der Kondolenz stopften sich die Nachbarn in der Küche mit Essen voll und wenn sie die Haustüre hinter sich geschlossen hatten, hörten wir sie durchs offene Fenster darüber tuscheln, warum wohl weder Mutter noch Vater anwesend gewesen seien.

Am Morgen der Beerdigung, als Wilhelms Sarg bereits von Jakob und Kurt auf den Wagen gehoben worden war, gesellte sich Mutter zu uns, um im Leichenzug hinter dem Fuhrwerk her zum Friedhof zu gehen. Vater jedoch zeigte sich nicht.

Das Fuhrwerk holperte über die Wege, und ich stellte mir vor, dass Wilhelm bestimmt viel lieber über die Wiesen und Felder gerannt wäre, als auf diesem Wagen zu liegen.

In der Kirche knieten wir lange vor den Bänken, während der Herr Pfarrer, wie mir schien, ewig über die Sünde sprach und dass nur der in den Himmel aufgenommen werde, der von all seinen Sünden befreit worden sei.

Dass Wilhelm wirklich ein Sünder war, konnte ich mir nicht vorstellen, eher glaubte ich, dass er mit seinem Unfug, den er im Kopf hatte, die Engel im Himmel zum Lachen bringen würde. Doch ich betete brav für Wilhelms Erlösung, bis der Herr Pfarrer endlich verkündete, die Pforten des Himmels würden sich nun für Wilhelm öffnen. Und nach einem weiteren Vaterunser folgten wir dem Herrn Pfarrer hinaus auf den Friedhof, auf dem bereits das Grab ausgehoben worden war. Wilhlems Sarg stand daneben.

Mit einem beklemmenden Gefühl im Bauch trat ich zusammen mit allen andern an das Grab. Klara und Kurt hatten sich mit Mutter auf die eine Seite der Grube gestellt, meine Brüder und ich auf die gegenüberliegende. Die Nachbarn versammelten sich um uns. Sogar der Herr Lehrer war unter ihnen.

Tränen liefen mir über die Wangen, als der Sarg ins Grab hinuntergelassen wurde. Hermann griff nach meiner Hand und hielt sie tröstend fest.

Der Herr Pfarrer sprach sogar noch hier über Schuld und betete, dass das Himmelstor weit genug offen sei, damit Wilhelm, trotz all seiner begangenen Sünden, hineingelangen könne. Zum Schluss besprenkelte er Wilhelms Sarg mit Weihwasser, warf etwas Erde darauf und bot die kleine Schaufel Mutter an.

Mutter regte sich nicht und machte keinerlei Anstalten, nach der Schaufel zu greifen. Hart und unnahbar stand sie neben der weinenden Klara. Ihr eisiger Blick war nicht auf den Sarg gerichtet; sie fixierte Jakob, Hermann und mich. Ein kalter Schauer lief mir über den Rücken und ließ mich unwillkürlich auch noch nach Jakobs Hand greifen.

Dann endlich, nach einer kleinen Ewigkeit, rührte Mutter sich.

Sie raffte ihr Schultertuch enger um sich, als wäre ihr kalt, drehte sich um und verließ den Friedhof.

Einfach so.

Ohne ein einziges Wort zu sagen.

Es war das letzte Mal, dass ich sie gesehen hatte.

IN DEN JAHREN DES HERRN 1792 BIS 1797

Frauensache

Vater zeterte und schimpfte, als Mutter drei Tage nach Wilhelms Beisetzung noch immer nicht auf den Hof zurückgekehrt war. Er schickte Hermann zum Herrn Pfarrer, um Mutter zu holen. Wie es sich herausstellte, war auch der Herr Pfarrer seit ein paar Tagen nicht mehr gesehen worden, und am nächsten Sonntag stand ein anderer Herr Pfarrer auf der Kanzel.

Vater wurde so wütend, dass er uns verbot, von Mutter zu reden oder sie auch nur zu erwähnen. Allerdings wäre dieses Verbot gar nicht nötig gewesen, denn es wollte ohnehin niemand über sie sprechen. Nicht nur ich war froh, dass Mutter gegangen war.

Wilhelm fehlte mir, sowohl am Tag wie auch in der Nacht. Seine Pritsche lag leer und kalt neben meiner. So gut es ging, bemühte ich mich, darüber hinwegzusehen, doch als Jakob auch noch aus unserer Schlafkammer auszog, wurde es dort fast unerträglich still.

Jakob hatte sich entschieden, in Mutters Kammer einzuziehen und räumte zuerst alle Dinge, die Mutter zurückgelassen hatte, hinaus. Ich wischte gerade den Hof, als Jakob an mir vorbeistürmte. In der Hand hielt er Mutters gelben Hut, den sie einst beim Balz gekauft hatte. „Habe ich es dir nicht gesagt?", rief er mir zu und schwenkte den Hut. „Sie wird ihn nie tragen! Er lag völlig verstaubt auf dem Schrank." Jakob warf das grässliche Stück auf den Miststock und kippte noch eine Schubkarre voller stinkenden Dungs darauf. Danach eilte er erneut an mir vorbei und zwinkerte mir dabei zufrieden zu.

Vater sprach kein Gebet mehr vor dem Essen und weigerte sich, sonntags mit auf den Kirchgang zu gehen.

Mir fiel auf, dass die Nachbarn sich in der Kirche nicht mehr zu Klara und mir in die gleiche Bank setzten und ihre Blicke abwandten, wenn wir an ihnen vorbeigingen, um dann hinter unserem Rücken zu tuscheln. Die sonst stets gutmütige Klara stampfte nach der Messe jeweils mit großen Schritten aus dem Dorf hinaus und schimpfte auf dem Rückweg über die Engstirnigkeit der Leute und dass sie, Klara, nicht mehr zur Messe gehen werde, bis das Gerede aufgehört hätte. Bis wir beim Erni-Hof angekommen waren, hatte sie sich schon wieder beruhigt und am nächsten Sonntag war sie es, die uns zum Kirchgang drängte.

Morgens blieb Vater bis weit in den Vormittag hinein am Frühstückstisch sitzen, drehte seinen Krug Saft in den Händen und starrte vor sich hin. Er wurde böse, wenn man ihn störte, und war er endlich aufgestanden, so schrie er uns bei jeder Gelegenheit an oder schlug sogar zu. Ich versuchte, ihm möglichst aus dem Weg zu gehen, was mir recht gut gelang, da Klara die Pflichten der Herrin des Hauses übernommen hatte und sich mit Vaters Launen herumschlagen musste.

Jakob seinerseits bestritt mehr und mehr die Führung des gesamten Hofes. Obwohl Vater oft zu betrunken war, um Entscheidungen treffen zu können, gefiel ihm Jakobs Selbständigkeit überhaupt nicht. Doch Jakob war inzwischen nicht nur größer und stärker als Vater geworden, er ließ sich auch nichts mehr von ihm sagen. Er widersetzte sich bewusst Vaters Befehlen und führte Änderungen auf dem Hof ein. Wenn Vater drohte, ihn zu verhauen, wenn er nicht gehorche, baute sich Jakob vor Vater auf. „Schlagt zu!", forderte er ihn dann jeweils auf und blickte auffordernd auf Vater hinunter. Vater getraute sich nicht mehr, die Hand zu erheben, und so sahen sich die beiden eine Weile an, bis Vater den Blick senkte und nach einem Krug Saft schrie. Jakob wandte Vater dann gleichgültig den Rücken zu und ließ ihn stehen.

Solche Machtkämpfe brachten Vater zur Weißglut. Da er jedoch wusste, dass er Jakob unterlegen war, richtete er seine Wut vermehrt gegen Hermann. Sobald er auch nur die Ecke eines Buches sah, ging er auf Hermann los und beschimpfte ihn als Tagedieb und Taugenichts und schlug ihm ins Gesicht.

Daraus folgte, dass Hermann nur noch nachts im Bett beim Schein eines Talglichts las und seine Bücher unter Wilhelms Pritsche versteckte.

Ich mochte es, wenn Hermann abends das kleine Licht anzündete und ich die Seiten knistern hörte, wenn er sie umblätterte. Es gab mir die Sicherheit, dass wenigstens er in meiner Nähe war. Und wenn er mir sogar noch eine Geschichte erzählte, hatte ich ein bisschen das Gefühl von Geborgenheit.

Beim nächsten Besuch vom Balz kamen die tuschelnden Nachbarn auf den Hof und taten, als hätten sie uns nie gemieden. Sie waren überaus freundlich und begrüßten Klara, als wäre sie wirklich die standesgemäße Herrin auf dem Hof.

Hermann und ich bekamen von Jakob richtige Schuhe aus Leder. Er sagte uns, dass wir sie anziehen dürften, sobald es kalt werden würde. Jakob kaufte auch für sich selber Schuhe und haufenweise neues Werkzeug, worüber sich Kurt freute und Vater ärgerte.

Während der Balz auf dem Hof war, nahm sich Vater zusammen und trank weniger, denn er wollte sich die Tauschhandlungen, die er stets mit dem Balz in der guten Stube geführt hatte, von Jakob nicht auch noch aus der Hand nehmen lassen.

Währenddessen führte Jakob mit dem Balz seine eigenen Gespräche, denn er beabsichtigte, einen weiteren Knecht einzustellen. Der Balz kannte viele Leute und war gerne bereit, gegen ein entsprechendes Entgelt arbeitsuchende Männer zu vermitteln.

Mir schenkte der Balz an jedem Tag seines Besuches ein Bonbon. Er zog mich jeweils in einen Winkel, in dem wir vor neugierigen Blicken geschützt waren. Während er mit meinen Locken spielte und zum Schluss sogar einen Kuss darauf hauchte, hielt ich gleichgültig still und versteckte das Bonbon tief in meiner Schürzentasche.

Niemand außer meiner Schwester sollte es bekommen, denn ich hatte es mir zur Gewohnheit gemacht, ihr kleine Geschenke mitzubringen, wann immer ich mich zum Grab im Wald schleichen konnte. Unterwegs suchte ich besonders schöne Steine oder auch Blumen, die ich mitnahm und mit ihnen das Grab schmückte. Auch alle Bonbons vom Balz schenkte ich meiner Schwester.

Da sie dieselben Wimpern gehabt hatte wie ich und Mutter uns beide nicht gewollt hatte, fing ich an, sie Klein-Mari zu nennen.

Ich hockte jeweils vor dem Grab und berichtete ihr, was auf dem Hof gerade los war. Oder ich erzählte ihr die Geschichten, die ich von Hermann kannte. Von meiner Lieblingsgeschichte über Johanna von Orléans konnte auch sie nicht genug bekommen, und wenn ich glaubte, ihr Lachen von den Blättern perlen zu hören, fühlte ich mich ein klein wenig glücklich.

Später saß ich auf dem Felsen über der Mühle, ließ die Beine baumeln und stellte mir vor, Wilhelm würde neben mir sitzen oder Unfug machen, der mich zum Schmunzeln brachte.

Es wurde Winter, und an einem Abend, als der Wind kalt ums Haus pfiff, klopfte es an der Haustüre. Wir waren gerade mit dem Essen fertig. Jakob erhob sich und teilte Vater mit, dass das Paul, der neue Knecht sei, den er einstellen werde.

„Den kannst du gleich wieder wegschicken! Geld für einen Knecht auszugeben, ist völlig unnötig!", fuhr Vater Jakob an und stand ebenfalls auf.

„Der Hof ist zu groß, als dass Kurt und ich alles alleine schaffen könnten!", entgegnete Jakob.

„Hermann soll helfen!", sagte Vater. Er schwankte leicht und hielt sich am Tisch fest.

„Hermann wird noch ein weiteres Jahr in die Schule gehen."

„Du gibst das Geld mit vollen Händen aus, statt es zu verdienen!", maulte Vater.

Jakob wurde wütend. „Ich arbeite genauso hart wie Kurt, also erzählt mir nichts übers Geldverdienen, Vater, solange Ihr selber kaum mithelft!"

„Sei nicht so vorlaut, Bursche, oder es gibt was mit dem Gürtel!", rief Vater. Er nestelte an der Gürtelschnalle herum, um sie aufzubekommen. Dabei wankte er hin und her, verlor das Gleichgewicht und plumpste auf den Stuhl zurück.

„Ich gehe jetzt, denn ich habe einen Knecht einzustellen!", sagte Jakob und öffnete die Tür, ohne auf Vaters wütendes Gezeter zu achten.

Paul, der neue Knecht, zog noch am gleichen Tag ins Gesindehäuschen hinter dem Stall ein, in dem bis jetzt Kurt alleine gewohnt hatte. Er war ein stiller und fleißiger Knecht, doch Vater sah ein ganzes Jahr über ihn hinweg, als wäre er nicht anwesend, und sprach kein einziges Wort mit ihm, nicht einmal, wenn wir bei Tisch saßen.

Die Jahre vergingen. Hermann verließ unsere Kammer ebenfalls und zog bei Jakob ein. Da ich mich aber nicht daran gewöhnen konnte, alleine einzuschlafen, legte sich Hermann abends lesend auf die Pritsche neben meiner und wartete, bis ich schlief, bevor er hinunterging.

Im Herbst, als ich dreizehn wurde, las ich im Hof an einem regnerischen Tag Baumnüsse zusammen. Die Blätter der Nussbäume lagen schwer und schwarz auf dem Boden. Die Nüsse darunter auszumachen, war eine mühselige Arbeit.

Ich fühlte mich nicht wohl. Mein Kopf pochte schon den ganzen Tag, und das ständige Bücken machte es nicht besser. Dazu kamen auch noch Bauchkrämpfe. Am liebsten hätte ich mich in meine Kammer geschlichen und geschlafen, aber das hätte Vater gar nicht geduldet, und es hätte Schläge fürs Faulenzen gegeben. Also biss ich auf die Zähne.

Es war fast Zeit, das Abendessen vorzubereiten, als Hermann zu mir kam.

„Heute werde ich mit Vater reden. Jakob ist einverstanden", sagte er.

Ich reckte meinen Rücken, froh, mich einen Augenblick aus der gebückten Haltung aufrichten zu können. Aufmunternd drückte ich ihm den Arm. „Viel Glück!", wünschte ich.

Hermann nickte. Nachdenklich schaute ich ihm zu, wie er über den Hof ging und im Pferdestall verschwand.

Mein Bruder war jetzt achtzehn Jahre alt, und nichts hielt ihn mehr hier auf dem Hof. Noch immer wünschte er sich, Lehrer oder Arzt zu werden. Er ging schon lange nicht mehr zur Schule, trotzdem las er weiterhin Bücher. Er richtete es sich öfters ein, beim Herrn Lehrer vorbeizuschauen, wenn er gerade im Dorf zu tun hatte. Mit dem Herrn Lehrer konnte er über Dinge reden, von denen wir andern keine Ahnung hatten. Auch lieh der Herr Lehrer ihm Bücher mit seltsamen Bildern aus. Sie stellten Menschen mit offenen Körpern dar. Begeistert zeigte Hermann mir diese Bilder und erklärte, wo sich das Herz im Körper befindet, was ein Darm ist oder wie das Gehirn eines Menschen aussieht.

Wenn Hermann tatsächlich vom Hof wegging, würde er mir sehr fehlen. Aber ich verstand nur zu gut, dass er nicht bleiben wollte und auch nicht konnte. Ob Vater das auch so sah, würde sich zeigen.

Ich füllte noch den letzten Korb mit Nüssen, dann ging ich in die Küche, in der Klara schon fleißig werkelte. Es roch nach frischem Brot und Sauerkraut.

Die Kopfschmerzen wurden immer heftiger. Ich tauchte eine Hand ins Wasserbecken und benetzte mir Stirn und Nacken.

„Na, was ist denn los, Mäuschen?", fragte Klara.

In diesem Moment kam Vater zur Türe hereingepoltert und ließ sich auf seinen Stuhl am Küchentisch plumpsen. „Gibt's hier nichts zu essen?", raunzte er uns an. Offensichtlich war er sehr schlechter Laune.

In kurzer Zeit wäre das Essen für alle bereit gewesen, doch noch war es nicht ganz soweit. Um Vater nicht noch mehr zu verärgern, schöpfte ich flugs Suppe in eine Schale und schnitt vom Brot auf, das noch heiß auf dem Anrichtstein lag. Ich stellte beides vor Vater hin, der mit Gebrumm nach dem Löffel griff und zu essen begann.

In Windeseile half ich Klara, den Tisch zu decken und Käse, hart gekochte Eier, Butter und eingedickten Birnensaft aufzustellen.

Vater hatte seine Schale bereits geleert, als meine Brüder und die beiden Knechte hereinkamen. Wir setzten uns, und Jakob begann, das Tischgebet zu sprechen, als Vater ungehalten dazwischenfuhr: „Wo bleibt das Fleisch? Bekomme ich hier nicht einmal eine anständige Mahlzeit?"

Erschrocken sah ich Jakob an. Der nickte leicht. Sofort sprang ich auf und eilte in die Vorratskammer, um vom Schinken eine Scheibe abzuschneiden und sie Vater so schnell wie möglich vorzusetzen.

Eine Weile aßen wir schweigend, bis Vater seinen letzten Bissen mit Saft hinuntergespült hatte und aufstand. Hermann folgte ihm.

„Vater, ich würde gerne mit Euch sprechen."

Vater knurrte etwas Unverständliches.

Hermann sah Jakob kurz an, der ihm aufmunternd zunickte.

„Wie Ihr wisst, möchte ich Arzt werden …", begann Hermann, doch Vater schnitt ihm das Wort ab. „Vergiss es!"

„Ich möchte Menschen helfen", sagte Hermann bestimmt.

„Hilf auf dem Hof!"

„Ich will kein Bauer sein!", entgegnete Hermann.

Vater richtete sich zu seiner vollen Größe auf. Mit einem Mal war da keine Spur mehr des Mannes, der trank, bis er alles um sich herum vergaß. „Was du willst, ist mir egal! Hier hat es Arbeit und du wirst sie tun! Ich brauche keinen bücherlesenden Schmarotzer im Haus!"

„Vater!", stieß Hermann hervor, und Jakob sprang auf.

„Genug!", brüllte Vater und schlug Hermann hart ins Gesicht.

Entsetzt stellte ich mich an Hermanns Seite. Auch Jakob war zur Stelle und hielt Vaters Arm fest, bevor Vater ein zweites Mal zuschlagen konnte.

„Lass mich augenblicklich los, Bursche!", verlangte Vater.

„Dann hört auf, zu schlagen!", erklärte Jakob unmissverständlich.

Vater grunzte: „Du hast mir nichts zu befehlen!"

„Seht Ihr nicht, dass Hermann uns als Arzt nützlich sein kann?"

„Ach lass, Jakob", flüsterte Hermann, „es hat keinen Sinn!"

„Er soll hier arbeiten!", verlangte Vater, befreite seinen Arm aus Jakobs Griff und wandte sich unverzüglich mir zu.

„Was glotzt du?", blaffte er mich an. „Weißt du nicht, wo dein Platz ist?"

Und bevor irgendwer reagieren konnte, hatte er mich mit beiden Händen vor die Brust gestoßen, sodass ich rückwärts stolperte und beim Fallen mit dem Kopf gegen den Herd prallte.

„Genau hier, an den Herd, gehörst du hin!», stieß Vater hervor und rammte mir seinen Schuh in den Magen.

Jakob riss Vater von mir weg. Er hatte die Hand erhoben und wollte Vater schlagen, doch dann nahm er sich zurück und drohte ihm lediglich mit der Faust.

Vater schnaufte verächtlich und verließ die Küche.

Hermann und Klara waren sofort bei mir und halfen mir auf die Beine.

Jakobs Gesicht war rot vor Zorn. „Eines Tages, das schwör ich, wird er dafür büßen!", rief er und eilte ebenfalls davon, gefolgt von den beiden Knechten.

Mein Kopf tat höllisch weh und die Krämpfe in meinem Bauch ließen mich kaum zu Atem kommen.

Hermann geleitete mich zum Tisch und drückte mich auf einen Stuhl.

„Was wirst du jetzt tun?", flüsterte ich, als die Bauchkrämpfe ein bisschen nachgelassen hatten und ich wieder atmen konnte.

Er zuckte mit den Schultern. „Irgendwann werde ich den Mut aufbringen, zu gehen, das verspreche ich dir!" Sanft strich er mir über den Rücken. Diese Geste, so liebevoll, ließ mich aufschluchzen. Unsicher zog er seine Hand zurück und stand auf.

Klara setzte sich neben mich. „Wein' du nur, kleines Mäuschen, lass alles hinaus!"

Eine halbe Stunde später schlich ich mich mit verquollenen Augen zur Wäschekammer. Ich hatte mich nass gemacht, als Vater mich gestossen hatte, darum brauchte ich dringend ein frisches Höschen. Allerdings sollte keiner sehen, dass ich mitten in der Woche neue Wäsche hervorholte, weshalb ich mich mehrmals versicherte, dass niemand in der Nähe war, bevor ich durch die Türe schlüpfte und sie hastig hinter mir zuzog.

Die Wäschekammer war eng und hatte kein Fenster. Im Dunkeln tastete ich nach dem Stapel meiner Wäsche: Eine zweite Schürze, Strümpfe für den Winter und mein Sonntagskleid. Auch zwei Unterhemden und eben auch zwei weitere Höschen lagen stets sauber und ordentlich gefaltet auf einem der Gestellbretter.

Hastig streifte ich das nasse Höschen ab und stopfte es in meine Schürzentasche, um es später am Brunnen auszuwaschen. In aller Eile zog ich das frische an und kehrte in die Küche zurück.

Erst nach der Arbeit schlich ich mich mit einer Laterne in den Hof. Ich füllte den Kübel aus dem Brunnen, zog das Höschen aus meiner Schürzentasche und tauchte es ins Wasser.

Das Wasser färbte sich rot.

Erschrocken hielt ich die Laterne über den Kübel und sah genauer hin. Ich hatte mich nicht nass gemacht, ich hatte geblutet. Stark geblutet!

Vater musste mich heftiger getreten haben, als ich gedacht hatte.

Erneut spürte ich Krämpfe im Bauch. Das frische Höschen, das ich eben erst angezogen hatte, wurde ebenfalls nass. Ich schob eine Hand zwischen meine Beine, und als ich sie wieder hervorzog, waren die Finger rot.

Entsetzen packte mich. War es möglich, dass Vater mich mit dem Tritt in den Bauch so sehr verletzt hatte?

Irgendwie musste ich mich verbinden, damit es heilen konnte. Doch wie? Ich wusste nicht einmal, wo genau ich blutete.

Wen konnte ich bitten, nachzusehen, woher das Blut kam? Klara? Hermann, der Arzt werden wollte? Nein! Das wäre zu peinlich.

Das Einzige, was ich tun konnte, war abzuwarten und zu hoffen, dass es bald aufhören würde zu bluten.

Nachdem ich beide Höschen gründlich mit Seife ausgewaschen hatte, schlich ich zurück zur Wäschekammer. Von alten Lumpen riss ich mir ein paar Streifen Stoff zurecht und legte sie in das letzte frische Höschen, um weiteres Blut aufzufangen.

Das Pochen in meinem Kopf war so schlimm geworden, dass mir davon übel wurde. Ich wankte in die Küche.

Klara saß am Tisch und strickte. „Na, Mäuschen?", sagte sie. „Du siehst müde aus. Geh zu Bett."

Ich war froh, mich endlich hinlegen zu dürfen, und so trank ich noch etwas Wasser und wünschte Klara dann eine gute Nacht. Völlig erschöpft schleppte ich mich die Treppe hinauf, sank auf meine Pritsche und schlief sofort ein.

Am nächsten Tag waren die Kopfschmerzen zurückgegangen, aber es blutete stärker. So viel Blut zu verlieren, machte mir Angst, und doch wagte ich nicht, jemanden einzuweihen.

Darum besuchte ich am Nachmittag Klein-Mari. Ihr allein erzählte ich, was mich beschäftigte. Sie hörte mir geduldig zu, was mir etwas Trost gab und einen kleinen Funken Hoffnung aufkeimen ließ, dass es besser werden könnte.

Die Krämpfe klangen tatsächlich ab und ein paar Tage später waren die Stoffstreifen nicht mehr blutig. Ich war so erleichtert, dass ich bei der Arbeit sogar vor mich hin summte.

Doch leider bekam ich nur wenige Wochen später schon wieder Bauchkrämpfe. Es fing erneut an, zu bluten. Verzweifelt versuchte ich, mich zu erinnern, wann und wo ich mich diesmal verletzt haben könnte. Vater hatte mich schon länger nicht mehr geschlagen, von ihm konnte es nicht sein. Die tratschenden Frauen vor der Kirche kamen mir in den Sinn. Hatten sie nicht einmal, vor gar nicht langer Zeit, von einem Mann erzählt, der viele Geschwüre hatte und elendiglich daran krepiert war? Hatte ich vielleicht auch so ein Geschwür in mir? Würde auch ich daran sterben?

Durch die ersten Schneeflocken und einen kalten Wind kämpfte ich mich noch ein letztes Mal in diesem Jahr zu Klein-Maris Grab durch.

„Es hat wieder angefangen zu bluten", berichtet ich ihr. „Bald werde ich kein Blut mehr in mir haben, und dann werde ich bei dir und Wilhelm sein." Dieser Gedanke hatte etwas Tröstliches, auch wenn ich mich vor dem Sterben fürchtete.

Am nächsten Tag lag der Schnee knöchelhoch. Im eisigen Wasser am Brunnen wusch ich meine Stofffetzen aus, als Klara plötzlich hinter mir stand.

„Na … was tust du da, Mäuschen?", fragte sie und blickte mir über die Schulter.

„Nichts!", sagte ich erschrocken und versuchte, Klara den Blick in den Kübel zu verdecken.

Allerdings vergebens. Sie beugte sich vor und hob einen der Fetzen aus dem Kübel, begutachtete ihn und ließ ihn wieder hineinfallen.

„Tja, Mäuschen, du hast Besuch von der Roten Dame bekommen!", rief sie aus.

Besuch? Ich, die ich noch niemals Besuch bekommen hatte? Wer war die Rote Dame? Ich schaute um Klara herum, ob da jemand hinter ihr stand. Doch da war niemand.

Verständnislos schaute ich sie an. „Wer ist gekommen?"

„Na ... die Rote Dame!"

„Wer ist das?"

„Nicht wer, sondern was", antwortete Klara. Es schien mir, als spiele ein Lächeln um ihre Lippen.

Ich runzelte befremdet die Stirn.

„Ach, Kindchen, hat es dir niemand gesagt?" Und mit einem Seufzer fuhr sie fort: „Natürlich hat es dir niemand gesagt."

„Mir was gesagt?"

„Na, das da!" Klara deutete zum Kübel. „Die Rote Dame ist diese Frauensache. Ich hab mir schon gedacht, dass es bei dir schon bald soweit sein könnte."

„Was ist bei mir soweit?"

„Sieh dich an ... Du hast Brüste bekommen. Du bist eine junge Frau geworden und ...", sie druckste etwas herum, bevor sie sich einen Ruck gab und sagte: „Na ja ... da ist Blut, viel Blut, nicht wahr?"

Ich nickte verwundert. Woher wusste Klara das?

„Aber es hört nach ein paar Tagen auf und fängt ein paar Wochen später wieder an."

„Genau!", nickte ich. „Ist es eine Krankheit? Ein Geschwür?" Auch wenn ich es zu verbergen versucht hatte, war ich nun doch erleichtert, mich Klara anvertrauen zu können. Vielleicht konnte sie mir sogar noch etwas dazu sagen.

Klara lachte. „Nein, es ist weder eine Krankheit noch ein Geschwür. Alle Frauen haben das!"

„Das kann nicht sein. Wieso sollten alle Frauen verbluten?"

„Daran verblutest du nicht."

Völlig erstaunt blickte ich Klara an. „Bist du ganz sicher, dass wir vom Gleichen reden? Ich blute ... nun ja ...", ich flüsterte, damit auch sicher niemand anders es hören konnte, „da unten ..." Scham trieb mir die Röte ins Gesicht.

Klara lachte unbeschwert.

„Du kennst das?", fragte ich hoffnungsvoll, auch wenn ich mir das kaum vorstellen konnte.

„Aber sicher! Hör zu, Mäuschen. Es ist zwar viel Blut. Aber das ist Blut, das nicht mehr gebraucht wird. Wenn eine Frau anfängt, zu bluten, ist sie erwachsen."

„Du hattest das auch schon?"

Sie seufzte. „Und immer noch!"

„Wirklich?" Es war für mich fast nicht zu begreifen, dass Klara meine Krankheit kannte, ja selber hatte, und dass jede Frau, vielleicht sogar Mutter, das auch haben sollte.

„Außer, wenn ein Kind in dir heranwächst, dann blutest du nicht mehr", erklärte mir Klara.

„Warum nicht?", wollte ich wissen, aber Klara wehrte mich ab: „So, Mäuschen. Genug geredet. Wasch deine Stoffbahnen aus, und dann tu deine Arbeit."

Ich war zwar unendlich erleichtert, dass ich nicht an einem schrecklichen Geschwür litt, doch hätte ich noch viel mehr wissen wollen darüber, wie es sich genau verhielt mit diesem Blut, das mal floss und mal wieder nicht.

IM JAHRE DES HERRN 1799

Verschwörung

Hermann war schon immer still gewesen. Nach den Ereignissen in der Küche jedoch begann er, sich mehr und mehr von uns allen abzuschotten. Er verrichtete zwar seine Arbeit, aber er redete kaum mehr. Abends nahm er in meiner Kammer niedergeschlagen seine versteckten Bücher hervor. Alle Begeisterung, mit der er mir früher die seltsamen Bilder gezeigt und mir Geschichten erzählt hatte, war verschwunden. Stumm las er, bis ich schlief.

Eines Abends, kurz nach Weihnachten, ging die Tür zur Kammer auf, als ich bereits eingenickt war. Ich schreckte hoch, voller Angst, es könnte Vater sein. Hermann ließ sein Buch blitzschnell unter der Bettdecke verschwinden.

Zum Glück war es nicht Vater, sondern Jakob, der hereinkam.

„Ich werde dir helfen", sagte er und hockte sich auf Hermanns Pritsche.

Hermann blickte fragend auf, und ich war schlagartig hellwach.

„Ich werde dir dabei helfen, von hier wegzukommen", fuhr Jakob fort, „damit du werden kannst, was du gerne möchtest!"

„Wie stellst du dir das vor? Vater war klar und deutlich." Hermanns Stimme klang verbittert.

Jakob zuckte mit den Schultern. „Wie genau wir es machen werden, weiß ich selber noch nicht. Aber eins ist klar: Vater darf davon nichts wissen!"

„Du willst hinter Vaters Rücken handeln?", fragte ich erstaunt.

„Genau das habe ich vor", nickte Jakob und fragte Hermann: „Was sagst du dazu?"

Hermann setzte sich auf. Plötzlich war wieder Leben in ihm. „Ich könnte unseren Herrn Lehrer fragen, wo er seine Ausbildung gemacht hat. Das habe ich mir schon öfters überlegt, doch nie den Mut dazu gefunden."

Wieder nickte Jakob. „Tu das! Das ist ein Anfang." Er wandte sich mir zu. „Luisli, bist du bereit, ebenfalls mitzuhelfen?"
„Was könnte ich denn tun?"
„Das wird sich zeigen. Vorerst ist es wichtig, dass wir mit niemandem sonst darüber reden und uns nur hier in der Kammer treffen, wo wir alles planen werden. Seid ihr einverstanden?"

Hermann hatte rote Backen bekommen. Mir war etwas schummrig bei der Vorstellung, Vater zu hintergehen. Aber angesichts von Hermanns Freude konnte ich nicht anders, als zuzustimmen.

Schon beim nächsten Gang ins Dorf redete Hermann mit dem Lehrer und bekam einen Namen und eine Adresse. Dorthin schrieb er einen Brief.

Mir wurde die Aufgabe zugeteilt, ein Auge darauf zu halten, ob jemand vorbeikam, der eine Nachricht abzugeben hatte, damit ich diese, unbemerkt von Vaters Blick, entgegennehmen konnte. Jakob zweigte hier und da ein paar Heller und Pfennige aus der Wirtschaftskasse ab, wenn er sicher war, dass es nicht auffallen würde, und legte sie für Hermanns Ausbildung beiseite. Wir trafen uns regelmässig in der Kammer und besprachen Schritt für Schritt.

So gingen Frühling und Sommer vorbei und im nächsten Herbst, als der Balz vorfuhr, trug mir Jakob auf, Stoff für einen Ausgehrock und eine zweite lange Hose auszusuchen. Er würde selber vorab mit dem Balz wegen der Bezahlung reden, damit Vater davon bestimmt nichts mitbekam.

Als ich die verschiedenen Stoffe begutachtete, kam wie zufällig Klara vorbei, deutete auf einen unscheinbaren Stoffballen und sagte: „Na ... dieser Farbton hier wäre wirklich perfekt für einen Rock, in dem man nicht auffällt und trotzdem anständig gekleidet ist. Denkst du nicht auch?" Und schon war sie weitergegangen.

Etwas verwundert über diese Äusserung blickte ich ihr nach. Sie schnupperte interessiert an einer Flasche Öl und drehte mir bewusst gleichgültig den Rücken zu. Ein bisschen zu gleichgültig, fand ich. Ob sie etwas von unseren Absichten mitbekommen hatte?

Wie auch immer, dachte ich und zuckte mit den Schultern, der Stoff war jetzt wichtiger. Ich besah ihn mir genauer. Klara hatte recht. Es war ein fester und warmer Stoff in einem einfachen Braun. Ideal für eine Wanderung in der kühleren Jahreszeit.

Am nächsten Morgen, als noch niemand bei den Auslagen stand und Vater in der Küche hockte, schnitt mir der Balz so viel Stoff vom Ballen, wie ich brauchte.

In einem Korb versteckt, schmuggelte ich meinen Einkauf hinauf in die Kammer. Von nun an, wenn Hermann abends noch neben mir las, nähte ich am neuen Rock. Was beim Schein des winzigen Talglichts nicht ganz einfach war, zumal ich noch nie zuvor einen Rock genäht hatte.

Überraschend kam mir Klara zu Hilfe.

„Na, was denkst du? Sind Taschen im Innenfutter nicht von Vorteil, wenn Geld unbemerkt mit sich getragen werden soll?", fagte sie beiläufig eines frühen Abends, als sie am Spinnrad saß und ich neben ihr strickte.

Ich sah sie vorsichtig an. „Was meinst du damit?", fragte ich.

Sie zuckte die Schultern, während sie weiter das Spinnrad drehte. „Ich dachte nur, wenn man beabsichtigt, eine längere Reise zu tun, seien eben große Taschen von Vorteil."

Ich ließ mein Strickzeug sinken. Klara musste mehr wissen, als sie sagte. Hatte sie möglicherweise bereits Vater von unseren Plänen berichtet?

Mit einem Seufzen ließ Klara ihr Spinnrad ruhen und stand auf. Sie trat zu mir und hob mein Kinn hoch, damit ich sie ansehen musste. „Na, was glaubst du denn, Mäuschen? Ich verstehe euch Kinder besser, als du denkst und erkenne eine Revolution, wenn sie gleich vor meinen Augen stattfindet. Im Gegensatz zu Vater! – Komm, hol deine Näharbeit. Zusammen werden wir dem Jungen einen so edlen Rock zaubern, dass er sich mit dem vom Balz vergleichen lässt."

Von nun an war Klara ein wichtiger Teil unserer Verschwörung. Oft verbrachten wir die Winterabende zu viert in der Küche, während Vater in der guten Stube nicht mehr ansprechbar war, und schmiedeten Pläne.

In diesem Winter, ich war nun vierzehn Jahre alt, setzten Jakob und Hermann den Zeitpunkt der Flucht auf das nächste Frühjahr fest, und zwar auf den letzten Abend, an dem der Balz auf dem Hof sein würde. Dann war gewohnheitsgemäß sehr viel los, und Vater würde bis zum Umkippen saufen, sodass Hermanns Fortgehen niemandem auffallen würde. Vater selbst würde frühestens am nächsten Mittag bemerken, dass Hermann fehlte. Und bis dann würde Hermann bereits über alle Berge sein.

Bis dahin war allerdings noch viel zu tun. Klara und ich strickten und nähten Socken und warme Westen, wann immer wir konnten, und Jakob und Hermann steckten ständig ihre Köpfe zusammen und besprachen die Reise bis ins kleinste Detail. Hermanns Weg würde ihn vorerst zu einem Lehrer nach St. Gallen führen, der bereit war, ihm weiterzuhelfen.

„Wenn du dort bist, musst du selber schauen, wie du dich durchbringst. Such dir eine Arbeit", sagte Jakob nicht zum ersten Mal eindringlich, und Hermann nickte ernst.

Als im Frühling der Balz vorfuhr, war alles bereit. In der Vorratskammer lag in einem Beutel Wegzehrung für drei Tage. Der Rock und die lange Hose waren sorgsam in meiner Kammer versteckt, ebenso die Westen und die Socken.

Am ersten Abend, als sich Vater mit dem Balz in die gute Stube zurückgezogen hatte, überreichte Jakob Hermann in der Küche einen schweren Geldbeutel.

„Das sollte genügen, um dich bis nach St. Gallen durchzuschlagen und dir dort eine Bleibe zu suchen", sagte er.

Für mich war St. Gallen nur ein weit entfernter Ort, von dem ich ab und an gehört hatte. Für Hermann war es der erste Schritt in die Freiheit. Er drückte Jakob stumm die Hände.

„Im Beutel mit der Wegzehrung sind auch noch zwei extra grosse Stücke von deinem Lieblingskuchen", sagte Klara und wischte sich über die Augen.

Hermann umarmte zuerst Klara und dann mich. „Ich weiß nicht, wie ich euch danken soll. Ohne euch hätte ich nie den Mut dazu aufgebracht." Seine Augen waren ebenfalls feucht.

„Noch ist es nicht ganz so weit", warnte Jakob. „Lass dir auch diese letzten Tage nichts anmerken. – Und ihr euch auch nicht!", fügte er zu Klara und mir hinzu.

Wir nickten. Ich war gleichermaßen aufgeregt, ob auch alles nach Plan verlaufen würde, wie auch traurig über die Aussicht, Hermann nun ebenfalls zu verlieren.

„So! Und nun werde ich mich zu Vater und Balz in die gute Stube setzen", sagte Jakob und zwinkerte uns zu. „Es wird Zeit, dass ich die Tauschhandlungen mit dem Balz zu führen lerne. Bringt mir also, genau wie Vater, das Essen in die Stube."

Klara trug den Schweinebraten, ich das frische, in Butter gewendete Gemüse und das Brot. Wir stellten es auf den Tisch. Jakob saß dort, als wäre er schon immer bei den Verhandlungen dabei gewesen. Er warf mir ein Lächeln zu und tat so, als würde er Vaters verärgerte Seitenblicke nicht bemerken. Ich lächelte zurück und begann, während Klara zurück in die Küche eilte, um nach dem Kuchen zu sehen, die Teller mit saftigen Bratenscheiben zu füllen.

„Ist der nicht ein Gedicht?", hörte ich den Balz schwärmerisch sagen.

„In der Tat!", antwortete Vater. Er stellte einen kleinen Becher vor sich ab, aus dem er eben getrunken hatte.

„Dieser Tropfen ist so kostbar, der ist nur für ganz spezielle Momente! Ganz etwas anderes als Euer Selbstgebrannter, nicht wahr!?" sagte der Balz überschwänglich.

„Was wollt Ihr dafür?", fragte Vater.

„Der steht nicht zum Tausch!", wehrte der Balz ab.

„Dann verkauft ihn mir!"

„Er steht auch nicht zum Verkauf!"

„Ich kenne Euch", sagte Vater, als ich das Gemüse auf die Teller häufte. „Es gibt nichts, was Ihr nicht tauschen oder verkaufen würdet. Sagt! Was wollt Ihr dafür?"

„Tut mir leid, da ist nichts zu machen!", sagte der Balz. Er machte eine kleine Pause, bevor er fortfuhr: „Außer ..."

„Außer, was?", fragte Vater sofort.

„Ihr habt eine hübsche Tochter ..."

Ich spürte, wie der Balz mich von oben bis unten musterte, und als ich ihm den gefüllten Teller reichte, berührten seine Finger kurz die meinen.

„Ja, und?", fragte Vater argwöhnisch.

Der Balz lächelte nur und sah Vater zu, der sich über seinen Braten hermachte. Jakobs Blick glitt ungläubig zwischen dem Balz und Vater hin und her. Er rührte sein Essen nicht an.

„Sagt schon, was soll das heißen?", forderte Vater mit vollem Mund.

Der Balz schob sich in aller Ruhe einen kleinen Kanten Brot in den Mund und kaute bedächtig, so als müsste er die Antwort erst genau abwägen. Ich füllte die Becher mit Saft und machte dabei ziemlich langsam, zu sehr interessierte es mich, was der Balz zu sagen hatte.

„Sagen wir es so", bemerkte der Balz wie beiläufig und fixierte mich lächelnd. „Gebt mir einen Abend mit Eurer Tochter, und ich ... ich schenke euch eine Flasche davon!"

„Darauf werdet Ihr nicht eingehen, Vater!", fuhr Jakob aufgebracht dazwischen.

„Drei Flaschen!", feilschte Vater, ohne Jakob zu beachten. „Sie ist noch unberührt."

„Ihre Hände sind hässlich mit diesen Narben! ... Zwei Flaschen! Mein letztes Angebot! "

„Einverstanden!", sagte Vater, streckte Balz seine Hand hin, und dieser schlug sofort ein.

Jakob sprang auf. „Vater, das könnt Ihr nicht tun!", rief er wütend.

Ich verstand nicht, weshalb sich Jakob so aufregte. Es wäre doch nichts dabei, mit dem Balz einen Abend zu verbringen, dachte ich. Der Balz war stets freundlich und nett zu mir gewesen. Vermutlich würde er mir Süßigkeiten schenken und vielleicht durfte ich auch seine Puppe halten. Auch wenn ich eigentlich schon längst zu alt für Puppen war.

„Sag du mir nicht, was ich tun kann und was nicht, Junge!", entgegnete Vater.

„Ihr tauscht das Luisli, als wäre sie eine Ware, nur damit Ihr noch mehr zu saufen habt?", sagte Jakob zornig. „Was seid Ihr nur für ein Vater!"

„Genug!", donnerte Vater und schlug mit der Faust auf den Tisch, dass die Teller klirrten. „Meine Geschäfte sind meine Sache, und was ich mit dem Luisli mache ebenso! Ich kann tun, was ich will und wann ich es will! Siehst du!" Er sprang auf und schlug mir mit dem Handrücken hart auf die Wange. Mein Kopf flog zur Seite.

Jakob sprang zwischen Vater und mich. „Noch einmal und ich werde es Euch mit gleicher Münze heimzahlen, das schwöre ich!", drohte Jakob.

Der Balz saß ruhig am Tisch und spießte ein Stück Braten auf sein Messer. „Junge", sagte er beiläufig, „der Tausch ist beschlossen, da ist nichts mehr zu machen!"

Jakob packte mich am Arm und stürmte, mich hinter sich herziehend, aus der Stube.

„Ja, geh! Und schau nach dem Nachtisch!", schrie Vater hinter mir her. „Und morgen Abend, wenn es dunkel wird, hast du dich gefälligst bereitzuhalten! Und bist herausgeputzt!"

Jakob knallte die Türe hinter uns ins Schloss.

„Du wirst da nicht hingehen!", befahl er mir.

Ich sah ihn angsterfüllt an. „Dann wird mich Vater grün und blau schlagen."

„Das werde ich verhindern!"

„Wie willst du das tun? Du bist nicht immer in meiner Nähe. Bitte", flehte ich, „lass mich gehen. Es ist nur ein Abend, und der Balz war immer gut zu mir!"

„Das wird er diesmal nicht sein!"

„Das kann ich mir fast nicht vorstellen!"

Jakob ging erregt auf und ab und raufte sich dabei die Haare. Dann blieb er vor mir stehen und nahm meine Oberarme hart in den Griff. „Wenn du gehst, musst du mir eines versprechen: Renn so schnell du kannst weg, wenn der Balz etwas tut, das du nicht willst! Hast du mich verstanden?" Er schüttelte mich eindringlich. „Hast du mich verstanden?"

Ich nickte.

„Versprich es mir!"

„Ich verspreche es", hauchte ich.

Der alte Schafstall

Ich hatte meinen Sonntagsrock angezogen und trat aus dem Haus. Es dunkelte, und der Mond hing dreiviertelvoll am Himmel. Der Balz wartete bereits. In der Hand hielt er eine Laterne.

„Wo sind wir ungestört?", fragte er lächelnd und zeigte seine blendend weißen Zähne.

Der einzige Ort, der mir einfiel, war der Felsen über der Mühle. Aber dort wollte ich mit dem Balz nicht hingehen. Diese Stelle gehörte nur Wilhelm und mir. Darum schüttelte ich den Kopf.

„Macht nichts", sagte er munter, „wir werden schon etwas finden."

Er schlug den schmalen Weg hinter dem Hof ein, der über die Felder führte. Ich folgte ihm. So allein mit dem Balz im Dunkeln zu sein, auch wenn der Mond sein silbernes Licht über die Landschaft warf, schüchterte mich nun doch ein wenig ein, und ich dachte an Jakobs Worte.

Sollte ich lieber jetzt schon gehen, so, wie ich es Jakob versprochen hatte? Denn es sah nicht danach aus, als würde der Balz mir Süßigkeiten geben oder seine Puppe zeigen. Andererseits war ja auch nichts dabei, hier mit ihm zu spazieren. Ich beschloss, noch ein wenig abzuwarten, bevor ich zurückging.

Als wir am Stall vorbeikamen, in dem die Schafe im Winter die ganz kalten Nächte verbrachten, fragte er: „Was ist da drin?"

„Nichts außer Heu und Stroh", flüsterte ich.

„Fabelhaft!", freute sich der Balz. „Das perfekte Nest für uns zwei!" Er öffnete die Türe und hielt sie auf. Mit einer vollendeten Verbeugung bat er mich in den Stall hinein, als würde er mich in seine gute Stube einladen.

Hinter uns schloss er die Türe sorgfältig und blickte sich im schwachen Schein der Laterne um. Jetzt, da die Schafe auf der

Weide waren, gab es außer einem Zuber mit abgestandenem Wasser wirklich nur altes Stroh in diesem Stall.

Der Balz machte eine Ecke frei, indem er das Stroh zu einem kleinen Haufen zusammenschob. Auf den freien Platz stellte er die Laterne, zog dann seinen Rock aus und breitete ihn über den Strohhaufen.

Ich schaute ihm interessiert zu. Wollte er hier womöglich etwas Spätes zu Abend essen? Hätte ich Brot und Käse mitnehmen sollen?

Er schien jedoch keinen Hunger zu haben, denn er nahm meine Hände und lächelte mich an. „Du bist eine hübsche, junge Frau geworden. So erwachsen."

Niemand außer dem Balz hatte mir je gesagt, dass ich hübsch sei. Und ich wusste nicht, was ich darauf antworten sollte, also blieb ich einfach still.

„Du bist stets so schrecklich ernst. Schenk mir ein Lächeln!", sagte er und machte es mir vor, indem er seine Zähne blitzen ließ.

Ich brachte ein zittriges Lächeln zu Stande, was ihn offenbar freute, denn er sagte: „Genau so!"

Er griff nach meinem Zopf. Das hatte er schon so oft getan, dass mir die Geste vertraut war. Nun jedoch band er die Schleife auf und löste den Zopf, bis mir meine Locken um die Schultern lagen und über den Rücken fielen.

„Wie ein Engel siehst du aus!", sagte er und streichelte meine Haare.

Ob er schon einmal einen Engel gesehen hatte? Ich hielt es durchaus für möglich, denn er kam ja auf der ganzen Welt herum.

Mit einem Mal veränderte sich etwas in seinen Augen. Er sah mich ganz seltsam an, und langsam kam sein Gesicht dem meinen näher. So nah, dass er mit den Lippen meine streifte. Ich zuckte zurück. Auf diese Art hatte mich noch nie jemand angerührt.

„Keine Angst", flüsterte er und zog mich zu sich heran, „ich tu' dir nicht weh!" Und wieder war sein Gesicht ganz nah. Diesmal drückte er seinen ganzen Mund auf meinen.

Er nahm meine Arme und schlang sie sich um den Hals. Seine eigenen legte er um meine Hüften.

Ich fühlte mich eingeklemmt zwischen seinem Mund und seinen Armen. Außerdem empfand ich es als sehr seltsam, einem fremden Menschen so nahe zu sein.

Mit seinen Lippen öffnete er meinen Mund, und dann war seine Zunge in mir. Auch das war seltsam, sehr sogar, und auch ziemlich eklig. Ich wollte ihn wegstoßen, aber er gab mich von selbst frei und trat zwei Schritte zurück. Einladend deutete er auf seinen ausgebreiteten Rock.

„Komm, Luisli, wir machen es uns gemütlich!"

„Ich heiße Mari-Luis", sagte ich leise.

Er lachte. „Und ich bin Theo Belzer, trotzdem nennen mich alle nur den Balz. Es spielt keine Rolle, wie du heißt, es gilt nur, wie du dich anfühlst!"

Er ließ sich auf den Rock im Stroh fallen und streckte mir seine Hand hin. Zaghaft setzte ich mich neben ihn. Er legte sich hin und zog mich mit sich, sodass ich neben ihm auf dem Rücken lag. Das Stroh stank abgestanden und nach Schaf, aber das schien ihn nicht zu stören.

Sein Gesicht war über mir. Und wieder schob er mir die Zunge in den Mund. Seine Hand wanderte zu den Bändern meines Mieders und begann, sie langsam aufzuziehen.

Das gehörte sich nicht! Ich drehte meinen Kopf, damit ich seine Zunge aus meinem Mund bekam und zog die Bänder des Mieders wieder zu.

„Zier dich nicht!", sagte er. „Ich werde dich zur Frau machen."

„Was heißt das?", wagte ich, zu fragen.

Lächelnd streichelte er mein Gesicht. „Das, was wir miteinander tun, hat nichts Verwerfliches. Jedes Ehepaar tut das!"

Jedes Ehepaar? Bedeutete das, dass mich der Balz heiraten würde? ‚Ich werde dich zur Frau machen.' Oh ja, seine Frau werden, das wollte ich. Der Balz würde mich, sobald wir verheiratet wären, mit sich nehmen, und ich käme vom Hof weg.

Wieder griff er nach den Bändern. Ich ließ es zu, dass er sie öffnete, mir den Sonntagsrock auszog und das Unterkleid aufschnürte. Ich fand das sehr befremdlich, so nackt vor einem Mann zu liegen. Zu gerne hätte ich mich mit meinem Rock bedeckt, doch der Balz hatte ja gesagt, es sei nichts Verwerfliches an seinem Tun und dass jedes Ehepaar das machte, also musste ich einfach stillhalten.

Es war kalt im Stall. Ich fröstelte.

„Bald wird dir warm werden", meinte er, als er über die aufgestellten Härchen meiner Arme fuhr.

Sein Mund glitt zu meinem Hals und von dort weiter hinunter, bis zu meinen entblössten Brüsten. Zuerst streichelte er sie ein bisschen, dann begann er, daran zu saugen. Der erste Schrecken wich Verwunderung und dann musste ich mir das Lachen verkneifen.

Vom Felsen über der Mühle aus hatte ich schon oft gesehen, dass die Frau Müllerin ihr Kind an die Brust gelegt hatte. Aber der Balz hatte bereits graue Strähnen im Haar und trotzdem sog er an meiner Brust, als wäre er ein Säugling.

Kurz hielt er inne, um sich das Hemd auszuziehen. Auf seinem Oberkörper sprossen dunkle Haare. Er legte meine Hand darauf. Es fühlte sich an wie ein Pelz. Erneut befingerte er meine Brüste, bevor er langsam über meinen Bauch fuhr und den Unterrock hochschob.

Ich machte mich ganz steif und als er die Innenseite meiner Schenkel anfasste, versuchte ich, seine Hand wegzuschieben, und drückte meine Beine zusammen.

Das war wohl der Zeitpunkt, an dem ich wegrennen musste, zumal der Balz seine Hand ungeniert höher gleiten liess. Noch bevor ich mich wegdrehen konnte, waren seine Finger plötzlich zwischen meinen Beinen.

„Nein!", keuchte ich und versuchte aufzustehen. Doch er drückte mich ins Heu und flüsterte mir ins Ohr: „Es wird dir gefallen, wart's nur ab! Bald bist du meine Frau! Du willst doch meine Frau sein, nicht wahr?"

Ich nickte eingeschüchtert.

„Siehst du? Es ist alles in Ordnung."

Er hatte recht, sagte ich mir. Wenn es bedeutete, dass ich so seine Frau werden würde, dann musste ich bleiben und ihn gewähren lassen.

Steif lag ich da, während er mich anlächelte und gleichzeitig an seiner Hose herumnestelte. Dann war er blitzschnell auf mir und bohrte etwas zwischen meinen Beinen in mich hinein.

Es tat unglaublich weh, und ich schrie entsetzt auf. Sofort schlug er mir die Hand vor den Mund und zischte: „Sei still! Oder willst du, dass wir entdeckt werden?"

Nun wollte ich wirklich weg von hier. Weg vom Balz. Aber sein Gewicht drückte mich unerbittlich ins Heu. Ich wusste nicht, was mit mir geschah und was er tat. Zwischen meinen Beinen war alles nur noch ein einziger, grauenhafter Schmerz. Der Balz stieß ein paarmal zu, bis ein Zucken durch seinen Körper ging und er über mir zusammenbrach.

Stöhnend rollte er sich von mir hinunter und während er seine Hose zuknöpfte, konnte ich mich endlich aufrappeln. Doch er griff nach meinem Bein und hielt es fest.

„Es tut nur beim ersten Mal weh", sagte er. „Bleib! Wir liegen hier noch ein bisschen, als wären wir ein Ehepaar."

Ich sah zweifelnd zu ihm hinunter.

„Nur nebeneinander liegen", sagte er und fügte mit einem Lächeln hinzu: „Kleine Frau!"

Ich hob meinen Rock hoch und streifte ihn mir über. Dann setzte ich mich wieder neben den Balz.

Er zog mich zu sich heran und bettete meinen Kopf an seine Schulter. Kurz darauf war er eingeschlafen.

Zwischen meinen Schenkeln fühlte sich alles wund und auch nass an. Vermutlich hatte ich geblutet.

Was hatte der Balz in mich hineingebohrt, das so schrecklich weh getan hatte? War das wirklich etwas, das Eheleute miteinander taten? Wollte ich das? Sollte ich nicht lieber gehen, solange der Balz noch schlief und nichts bemerkte? Doch dann würde er mich nicht heiraten. Wenn ich seine Frau werden wollte, dann musste ich bleiben. Und wenn das wirklich, wie er gesagt hatte, jedes Ehepaar tat und jede Ehefrau erduldete, dann konnte ich es auch, denn die Vorstellung, seine Frau zu werden, war die Schmerzen allemal wert.

Als wir mitten in der Nacht zurück zum Hof gingen, sagte er: „Morgen Abend treffen wir uns wieder. Ein Paar muss in der Nacht beisammen sein. Aber du darfst deinem Vater nichts sagen, sonst will er noch mehr Flaschen von dem Schnaps. Und er hat mir schon zwei abgeluchst." Er lachte. „Am besten wird es sein, wir treffen uns gleich beim Schafstall. Dann sieht er uns nicht zusammen weggehen!"

Jakob trat mir in der Diele entgegen, als ich mich ins Haus schlich. Er hatte ein kleines Licht in der Hand und hielt es mir vors Gesicht.

„Du bist geblieben?", fragte er und betrachtete mich prüfend.

Ich nickte.

„Hat er dir weh getan?"

Ich konnte Jakob unmöglich sagen, was vorgefallen war. Darum heftete ich meinen Blick stumm auf den Boden.

„Den werde ich …" Jakob wollte an mir vorbeistürmen.

„Bitte nicht!", flehte ich und hielt ihn zurück. „Es ist alles gut."

„Er hat dir also nichts getan?"

Ich schüttelte den Kopf.

„Bist du ganz sicher?", hakte er nach.

„Ja", hauchte ich. Ich wollte nicht weiter darüber reden. „Es ist schon spät. Ich gehe zu Bett."

Die Küsse und das Streicheln fühlten sich am nächsten Abend nicht mehr ganz so seltsam an, doch als er seine Hose aufknöpfte, versuchte ich, mich von ihm wegzudrücken. Da es mir am letzten Abend wehgetan hatte, als er an seiner Hose herumgemacht hatte, musste er dort etwas versteckt haben. Ich nahm all meinen Mut zusammen und fragte: „Könnt Ihr das lassen?"

Er lachte. „Was denkst du? Du willst bestimmt nicht auf das Schönste verzichten! Das gefällt dir doch am besten!" Und schon hatte er mich wieder ins Stroh gedrückt und sich auf mich gelegt. Es tat auch dieses Mal entsetzlich weh. Fast noch mehr als beim ersten Mal.

Als er mich danach im Arm hielt, sagte er: „Ich habe aus dir eine Frau gemacht. Darauf darfst du stolz sein!"

„Wann werdet Ihr mich heiraten?", fragte ich.

Er lachte erneut und stupste mit dem Finger gegen meine Nase. „Das hättest du wohl gerne, nicht wahr?"

Am letzten Abend, bevor der Balz wieder abreiste, spielten die Musikanten länger als sonst.

Ich hatte mich unter die Bäume auf die Bank gesetzt und sah den fröhlichen Menschen zu. Klara hatte vom Tanzen mit Kurt und Paul bereits rote Backen bekommen. Sie lachte unbekümmert. Der Balz schäkerte wie gewohnt mit allen Frauen. Das störte mich nicht, denn ich wusste, dass er mich heiraten würde und keine andere.

Jakob hielt Kummers Judith im Arm. Sie tanzten miteinander, als hätten sie die Welt um sich herum vollkommen vergessen. Es würde nicht mehr lange dauern, dachte ich, bis Jakob seine Judith zum Altar führen würde. Ganz egal, was für eine Mitgift sie mitbringen, und ganz egal, was Vater dazu sagen würde.

Hermann setzte sich leise neben mich.

Ich nahm seine Hand und hielt sie fest.

„Es ist soweit!", sagte Hermann und deutete mit dem Kinn in Richtung der Tische. Dort war Vater betrunken zusammengesunken.

Ich lächelte Hermann traurig an und nickte. „Wann gehst du?"

„Noch in dieser Stunde."

Ich nickte erneut. Wenn er noch drei Stunden Weg zwischen sich und den Erni-Hof bringen konnte, bevor er rastete, hatte er bereits einen guten Vorsprung. Der Mond war fast voll und überzog die Landschaft mit sanftem Licht, sodass das Wandern in der Nacht nicht schwierig sein würde.

„Pass auf dich auf, Mari-Luis", sagte er und drückte mir einen verlegenen Kuss auf die Wange.

„Du auch!" Nun kamen mir doch noch die Tränen.

Er stand auf und ging davon. So oft hatte ich ihm schon zugesehen, wenn er weggegangen war. Nun würde es das letzte Mal gewesen sein.

Ich versuchte, mich mit dem Gedanken abzulenken, dass ja auch ich gar nicht mehr lange hier sein würde.

Nachdem die letzten Gäste gegangen waren, hatten Klara und ich noch alle Hände voll zu tun, bis wieder Ordnung herrschte.

„Hast du Hermann gehen sehen?", fragte ich Klara leise.

Sie schüttelte den Kopf. „Die Wegzehrung ist weg und seine Schuhe auch. Er wird gegangen sein, wie wir es abgemacht haben."

„Ob wir ihn je wieder sehen werden?"

„Na ... wer weiß ...", antwortete sie und schickte mich zu Bett.

Ich wankte todmüde in meine Kammer, aber beim ersten Licht des Tages sprang ich wieder auf.

Der Balz war bereits munter. Er hatte seinen Wagen gepackt.

Ich half ihm, die Pferde davor zu spannen. Als alles für die Abreise bereit war, eilte ich hinauf in meine Kammer und holte mein Bündel, das ich mit meiner Wäsche gefüllt und bereitgestellt hatte.

Der Balz führte gerade die Pferde am Zügel aus dem Hof hinaus, als ich wieder zurück war.

„Ich habe nur eben mein Bündel geholt", sagte ich, „nun bin ich bereit, um mit Euch gehen zu können!"

Er stoppte seine Pferde und trat zu mir. „Das geht nicht!", sagte er.

„Warum nicht?", fragte ich verwirrt.

„Hör zu!" Kurz blickte er sich um, ob auch niemand in der Nähe war, dann zog er mich zu sich heran, drückte meinen Unterleib kurz gegen seinen und klopfte mir aufs Gesäß. „Schon bald bin ich wieder da. Du wirst bestimmt bis zum Herbst auf mich warten können? Nicht wahr, Luisli?" Er zwinkerte mir zu und ergriff wieder die Zügel.

„Ich heiße Mari-Luis!", flüsterte ich, während ich seinem Wagen mit hängenden Armen hinterherschaute.

„Dann ist es also wahr, was Jakob gesagt hat", hörte ich Klaras Stimme hinter mir. Sie trat zu mir. „Vater hat dich an den Balz verkauft."

„Er wird mich heiraten, wenn er im Herbst wiederkommt", erklärte ich ihr.

Sie seufzte. „Ach, Mäuschen, wenn es nur so wäre."

„Bestimmt!", sagte ich.

Sie lächelte mich traurig an und nahm mir das Bündel ab. Gemeinsam gingen wir ins Haus zurück.

Johanna

Bis Vater aus seinem Suff auftauchte und realisierte, dass Hermann nicht mehr da war, war es Abend geworden und ich hoffte Hermann bereits auf halbem Weg nach St. Gallen.

Vater zeterte und wütete und drohte allen mit dem Gürtel, wenn wir nicht sagen würden, wo Hermann steckte.

Klara drückte ein paar Tränen aus den Augen und beteuerte ein ums andere Mal, dass sie den Jungen bereits den ganzen Tag suche und dass sie sich schreckliche Sorgen mache, es könnte ihm etwas passiert sein.

Auch Jakob und ich erklärten Vater, wir hätten nicht die leiseste Ahnung, wo Hermann sein könnte. Wir hätten auch bereits im Dorf nach ihm gesucht, leider vergebens.

Ob er uns glaubte oder nicht: Tatsache blieb, Vater konnte zetern so viel er wollte, Hermann brachte es nicht zurück. Nach ein paar Tagen verhielt sich Vater genau so wie damals, als Mutter verschwunden war. Er verbot uns, von Hermann zu sprechen und tat so, als hätte er nie einen Sohn namens Hermann gehabt.

Anders als bei Mutter hielten Klara, Jakob und ich uns nicht an diese Anweisung. Wir sprachen oft darüber, wenn wir alleine waren, wo Hermann wohl gerade sei und ob es ihm gut gehe.

Ein paar Wochen später überbrachte uns ein Botenjunge des Herrn Lehrer heimlich einen Brief, in dem Hermann uns berichtete, dass er in der Stadt eine Anstellung in einem Gasthaus angenommen habe. Es gehe ihm gut und er sei täglich mit dem alten Lehrer zusammen, der ihm viel beibringe.

Wir freuten uns riesig über diese Nachricht, und Klara buk sofort Hermanns Lieblingskuchen, mit dem wir leise und von Vater unbemerkt Hermanns erste Erfolge feierten.

Beim Aufstehen am folgenden Morgen war mir übel vom Kuchen, und ich musste mich übergeben. Den ganzen Tag war ich schrecklich müde und konnte meine Augen kaum offenhalten. Zu gerne hätte ich mich hingelegt und einfach nur geschlafen.

Ich musste mir wohl etwas eingefangen haben, denn auch in der nächsten Zeit war mir morgens übel. Hatte ich mich jedoch übergeben, ging es mir wieder gut.

Was das wohl für eine Krankheit war? Seltsamerweise fühlte ich mich eigenartig lebendig und beschwingt und überhaupt nicht krank. Vielleicht lag es daran, dass ich schon länger nicht mehr geblutet hatte. Ich machte mir keine Gedanken darüber, weshalb die Blutungen aufgehört hatten, ich war einfach nur froh darüber. So musste ich mich nicht auch noch um das Auswaschen der Stoffstreifen kümmern.

Mir fiel auf, dass mein Bauch grösser wurde und ich versuchte, ihn unter der Schürze vor Vater zu verstecken. Niemand durfte auf diesem Hof zuviel essen, und ich hatte ganz offensichtlich zugenommen, was ein deutliches Zeichen dafür war, zuviel gegessen zu haben. Also aß ich nur noch ganz wenig, damit mein Bauch wieder kleiner werden sollte, was er aber nicht tat.

Eines Nachts, als ich auf meiner Pritsche lag, bewegte sich etwas ganz sachte tief in mir. In diesem Augenblick durchzuckte mich die Wahrheit wie ein Lichtblitz: In mir wuchs ein Kind heran. Ein Kind, das mir, und das brauchte mir niemand zu erklären, der Balz eingepflanzt hatte.

Ich streichelte meine Bauchdecke. Die Vorstellung, ein Kind zu bekommen, machte mich froh. Ich würde dieses Kind lieben, es an meiner Brust nähren, genau wie die Frau Müllerin es mit ihrem Kind getan hatte. Ich würde es durch die Luft schwingen, bis es gluckste vor Lachen.

Und es sollte Johanna heißen, denn ich spürte, es würde ein Mädchen sein. Ein starkes Mädchen.

Noch sollte keiner von Johanna erfahren, beschloß ich. Zuallererst wollte ich es dem Balz berichten, wenn er in wenigen Wochen wiederkam.

Die Einzigen, denen ich von Johanna erzählte, waren Klein-Mari und Wilhelm. In diesem Spätsommer verbrachte ich so viel Zeit, wie ich nur konnte, beim kleinen Grab und beim Felsen über der Mühle. Zusammen mit Klein-Mari und Wilhelm malte ich mir mein neues Leben als Frau vom Balz aus.

Mein Bauch wurde stetig größer. Damit ihn niemand sehen konnte, band ich ihn unter der Schürze mit Tüchern zusammen. Die Übelkeit war verschwunden und Johannas Bewegungen in mir spürte ich nun fast täglich.

Niemand auf dem Hof bemerkte etwas von meinem Zustand, nur fiel mir auf, dass Klara mir schwere körperliche Arbeit abnahm und mir stattdessen oft die Küche überließ. Abends, wenn wir noch zusammensassen, seufzte sie manchmal und sagte: „Ach, Mäuschen."

Und wenn ich sie fragte, was sie meinte, sagte sie nur, „Ach, nichts."

Beim dritten Mal ließ ich meine Strickarbeit sinken und schaute Klara fragend an, bis sie endlich sagte: „Du kannst mir doch vertrauen, Mäuschen. Ich weiß, was mit dir los ist."

„Was weißt du?", fragte ich.

„Du bist guter Hoffnung, nicht wahr?"

„Guter Hoffnung? Was bedeutet das?"

„Na, du trägst ein Kind in dir!"

„Du weißt es?", fragte ich erstaunt.

„Eine Frau erkennt die Anzeichen. Ich habe sie damals bei deiner Mutter gesehen und jetzt sehe ich sie bei dir."

Sprach Klara von Klein-Mari? Ich schlug mir die Hand vor den Mund.

„Ich konnte damals nicht ahnen, dass Mutter dich in ihre Schwierigkeiten hineinziehen würde. Als ich es bemerkte, war es zu spät. Und das tut mir bis heute unendlich leid."

Klaras Geständnis trieb mir die Tränen in die Augen, und mein Blick glitt zu meinen vernarbten Händen. Ich schüttelte den Kopf, um sowohl die Tränen als auch die Erinnerung fortzuscheuchen.

„Ich wünschte, ich könnte irgendetwas für dich tun", seufzte Klara.

„Es ist alles gut", erklärte ich ihr. „Der Balz wird für mich und meine Johanna sorgen!"

Klara sah mich zweifelnd an.

„Ganz gewiss!", versicherte ich ihr.

„Na, dann wollen wir nur hoffen, dass das wirklich so ist."

Endlich kam der Herbst und mit ihm die Kunde, der Balz würde in den nächsten Tagen eintreffen. Es brach die gewohnte Hektik auf dem Hof aus. Wir buken Kuchen und frisches Brot, putzten das Haus und wischten den Hof. Die Tische wurden hinausgetragen, und Vater versuchte, aus seinem Suff aufzutauchen.

Mein Herz hüpfte vor Freude. Bald würde ich dem Balz von Johanna berichten können.

Als er dann vorfuhr, sah ich ihn vorerst nur von Weitem. Den ersten Abend verbrachte er gewohnheitsgemäss in der guten Stube mit Vater und Jakob. Ich brachte lediglich das Essen, wobei mich der Balz kaum beachtete.

Am Tag darauf trug ich Kuchen von der Küche hinaus zum Ausschanktisch, als mir der Balz entgegenkam.

„Sei beim Eindunkeln in unserem Versteck. Ich will dich sehen", flüsterte er mir im Vorbeigehen ins Ohr.

Ich wurde ganz aufgeregt. Nun war es also soweit. Schon in kurzer Zeit würde sich mein Leben ändern.

Meine Hände waren feucht vor Aufregung und mein Herz klopfte schnell und laut, als ich die Tür zum Schafstall aufstieß. Die Laterne beleuchtete matt die hintere Ecke des Stalls.

Der Balz lag bereits im Stroh und blickte mir entgegen.

„Endlich kommst du!", begrüßte er mich. „Ich warte schon ewig." Er reichte mir seine Hand und zog mich zu sich hinunter. Sofort griff er nach den Bändern meines Mieders und löste sie, während er mich mit einem harten Kuss ins Stroh drückte.

Diesmal hielt er sich nicht lange mit Streicheln auf. Er nestelte an seiner Hose, schob meine Röcke hoch, und wieder durchfuhr mich der Schmerz. Ich hatte vergessen, wie weh es tat.

Da er auf mir lag, hatte ich außerdem Angst um Johanna. Wenn er ihr nur nicht auch weh tat!

Nach ein paar Stößen rollte er sich von mir hinunter und schloss seine Hose. Schnell schob ich meine Röcke über die Beine und strich mir über den Bauch. Johanna strampelte beruhigend.

„Du bist fett geworden", stellte der Balz fest. „Schau zu, dass du das in den Griff bekommst. Ich mag keine fetten Weiber."

Tränen stiegen mir in die Augen. War er nicht freundlicher gewesen im Frühling?

„Komm schon", sagte er versöhnlich und streichelte meine Wange. „Nicht heulen!"

Entschlossen, für Johanna stark zu sein, wischte ich mir die Tränen ab und nahm meinen Mut zusammen.

„Ihr werdet mich doch mitnehmen, wenn Ihr weiterfahrt?", fragte ich.

„Wohl kaum!" Gähnend legte er sich zurück und schloss die Augen.

„Aber Ihr müsst!", platzte es aus mir heraus.

„Müssen?" Mäßig interessiert öffnete er ein Auge. „Wer bist du, dass du glaubst, mir Forderungen stellen zu können?"

„Es ist wegen Johanna!", sagte ich und fühlte mich bereits weniger mutig.

„Was faselst du da?" Er schloss sein Auge wieder. „Kein Weib hat mir zu sagen, was ich zu tun habe!"

Nein, dachte ich mir. Ich durfte nicht aufgeben. Johanna brauchte jetzt meine ganze Kraft. Also klaubte ich noch den allerletzten Rest von Mut zusammen.

„Johanna ist unser Kind. Ich trage es in mir." Nun hatte ich sein Interesse doch geweckt. Er setzte sich auf. Sein Blick glitt zu meinem Bauch.

„Darum hast du so einen dicken Bauch?", fragte er erstaunt.

Ich nickte, und er fing an zu lachen. Er lachte, bis ihm die Tränen in den Bart kullerten.

„Ein Kind ...", japste er.

Ich wusste nicht, was ich von dieser Reaktion halten sollte. War das nun ein gutes Zeichen oder eher nicht?

Ich rappelte mich auf und ordnete meine Kleidung.

„Wann werdet Ihr mich heiraten?", fragte ich.

Langsam beruhigte er sich, stand ebenfalls auf und stellte sich vor mich hin.

„Was bist du nur für ein verschlagenes Luder!", sagte er, und sein Blick durchbohrte mich. Alles Einnehmende, mit dem er so gerne die Frauen bezirzte, war aus seinen Augen verschwunden. „Du behauptest allen Ernstes, das Kind in deinem Bauch sei von mir?"

Ich nickte und zog ängstlich den Kopf ein.

„Von mir? Wirklich von mir? Was glaubst du eigentlich? Willst du meinen Ruf beschmutzen? Ich bin ein ehrbarer Mann! Ich bin ein verheirateter Mann! Und du wagst es, mich zu beschuldigen? Du, die sich mir an den Hals geworfen hat wie ein billiges Flittchen! Was weiß ich, für wieviele andere du dich noch auf den Rücken gelegt hast?"

In meinem Kopf drehte sich alles. Von all den Worten, die er hervorstieß, blieb eines wie ein Widerhaken im meinem Kopf hängen. „Ihr seid verheiratet?", flüsterte ich.

„Jawoll! Verheiratet!" Seine Stimme war kälter als Eis, und schärfer als ein Messer schnitt sie mir ins Herz. „Du willst mich in den Dreck ziehen mit deiner widersinnigen Beschuldigung. Mich, den Balz!"

Ich schüttelte wehement den Kopf. „Bestimmt nicht!"

„Dann such dir einen andern, dem du deinen Balg andrehen kannst!"

„Ich lag nur bei Euch!", wagte ich, leise zu erwidern.

„Wie bitte? Das soll ich dir glauben? Dein Vater hat dich mir für ein zu lächerliches Geschäft überlassen, als dass ich der Einzige gewesen sein könnte, der so bezahlt worden ist."

Seine Worte brannten wie Feuer in mir. Wie konnte es möglich sein, dass sich der Balz, der mich stets nett und freundlich behandelt hatte, so grausam gegen mich wandte?

Ich schüttelte wieder und wieder den Kopf. Tränen liefen mir über die Wangen.

„Tu das nie wieder!", befahl er.

Abrupt drehte ich mich um und stürzte aus dem Stall. Floh vor diesem Balz, den ich nicht mehr wiedererkannte.

Blind vor Tränen suchte ich mit Händen und Füßen den Weg durch die Nacht zu Klein-Mari.

Oft stolperte ich, fiel hin, und meine Beine stießen an Steine und Wurzeln. Äste peitschten mir ins Gesicht. Ich merkte das alles kaum, zu heftig tobten die Gefühle in mir.

Als ich endlich das kleine Grab erreicht hatte, sank ich zu Boden.

„Der Balz will uns nicht!", berichtete ich Klein-Mari stockend.

Ich legte den Kopf auf die Knie. Stille Tränen liefen mir über die Wangen. Ich war mir so sicher gewesen, dass der Balz sich genauso über Johanna freuen würde wie ich mich, und dass er es nicht abwarten konnte, uns mit sich zu nehmen. Aber er war bereits verheiratet. Wir bedeuteten ihm nichts.

Der Wind strich durch das Laub der Bäume. Leise rieselten die Blätter auf mich herunter. Sie fühlten sich wie kleine, tröstende Hände an. Die Tränen versiegten allmählich.

Lange saß ich vor dem Grab, ließ mich streicheln, bis mich der Schlaf übermannte.

Es war noch dunkel, als ich frierend erwachte. Mein Rock war klamm und feucht. Mühsam stand ich auf und schlang mir zitternd die Arme um den Leib.

Der Kummer bohrte sich wieder in mein Herz. Nicht nur, dass der Balz Johanna und mich weggestoßen hatte, schmerzte tief, hinzukam, dass Vater mich bestimmt nicht mehr auf dem Hof dulden würde. Was sollte ich jetzt nur tun? Wohin konnte ich gehen?

Klara, dachte ich. Klara war meine letzte Hoffnung. Ich musste zurück zum Hof und ihr alles sagen. Sie würde wissen, was ich tun könnte. Vielleicht kannte sie einen anderen Hof, auf dem ich mich als Magd verdingen konnte. Auf einem Hof, auf dem niemand wusste, dass Johanna keinen Vater hatte.

Mit steifen Gliedern trat ich den Rückweg an.

Es begann gerade zu dämmern, als ich in den Hof einbog.

Mir fiel sofort auf, dass der Wagen des Balz fort war. War der Balz abgereist, obwohl er noch mindestens einen weiteren Tag hätte bleiben sollen?

Ich schlich mich in die Küche, um im Herd Feuer zu machen und mich aufzuwärmen.

Doch das Feuer in der Küche knisterte bereits. Klara schob eben ein Holzscheit nach. Sie drehte sich um, als sie mich eintreten hörte.

„Mäuschen …", sagte sie mit eigenartig belegter Stimme.

Bevor sie weitersprechen konnte, wurde ich grob am Arm gepackt, und Vater schlug mir ins Gesicht. „Der Balz ist fort!", schrie Vater und schlug erneut zu. „Wegen dir! Er wird nie mehr auf meinen Hof kommen. Weil du ihn beschuldigt hast! Du hast alles kaputtgemacht!" Unablässig schlug er zu. „Du und dein Bastard!"

Meine Lippe platzte auf, und auf einem Ohr hörte ich Vaters Worte nur noch dumpf.

„Und jetzt denkst du wohl, du könntest hier deinen Balg durchfüttern lassen. Wolltest ihn mir unterjubeln, so wie du es beim Balz versucht hast. Doch das kannst du vergessen!"

Er boxte mir in den Bauch.

Voller Panik beugte ich mich vor und hielt schützend die Arme vor Johanna. Vater hieb auf meinen Rücken ein, bis ich zusammensackte.

Im Hintergrund hörte ich Klara schreien.

Jetzt, da ich am Boden lag, trat Vater mit seinen Holzschuhen in meinen Bauch, in meine Brust, in mein Gesicht. Erbarmungslos, wieder und wieder und wieder, unaufhörlich preschten seine Schuhe auf mich ein.

Irgendwann kam Jakob in die Küche gestürmt und stürzte sich auf Vater, aber das bekam ich schon nicht mehr mit.

Der Schmerz holte mich ins Bewusstsein zurück, wütete in meinem Kopf und in meinem Bauch. Im Mund schmeckte ich Blut, und zwischen den Beinen war ich nass.

Ich versuchte, die Augen zu öffnen. Es gelang mir nur mit einem, das andere fühlte sich dick und geschwollen an.

Verschwommen sah ich Klara. Sie hielt mich im Arm und beugte sich weinend über mich.

Neben mir am Boden lag Vater. Er regte sich nicht. Jakob stand schwer atmend und mit blutig aufgeschürften Knöcheln über ihm. „Du schlägst niemanden mehr!", stieß er hervor. Spuckte die Worte förmlich auf Vater hinab.

Mit Klaras Hilfe stand ich schwankend auf. In diesem Moment sprudelte ein Schwall Blut zwischen meinen Beinen hervor und klatschte auf den Boden.

Klara schrie auf. Jakob war sofort bei mir und hielt mich fest. Kurz lehnte ich meinen pochenden Kopf an seine Schulter, dann schob ich Jakobs stützenden Arm beiseite.

Ich torkelte aus der Küche, Klaras Rufe überhörend.

Johanna bewegte sich nicht in mir. Ich konnte sie nicht mehr spüren.

Eine grosse Leere überfiel mich.

Genauso wie ich es gewusst hatte, als Johanna zu mir gekommen war, genauso wusste ich jetzt, dass sie mich verlassen hatte.

24. OKTOBER 1799

Fliegen

Mit letzter Kraft schleppte ich mich durch den Wald. Das Blut floss mir in Strömen die Beine hinunter und aus der Stirn, in das eine Auge, das ich noch ein wenig öffnen konnte.
Während ich auf dem Weg durch die Felder und Wiesen noch genug Kraft besessen hatte, mich einigermaßen aufrecht fortzubewegen, so stolperte ich hier im Wald nur noch von Baum zu Baum. Und als ich fiel, kroch ich auf allen Vieren weiter.
Um jeden Preis wollte ich zu Klein-Mari. Bei ihr würde ich mich weniger leer und verloren fühlen. Endlich sah ich das Grab. Klein-Mari stand daneben. Sie hielt mir ihre winzige Hand hin, und ich griff danach wie nach einem Rettungsanker.
Ich weinte nicht. Tränen hatte ich keine mehr.
Klein-Mari hielt mich fest.
Nach einer Weile drückte sie meine Hand ein wenig stärker und zeigte mir an, ich solle mit ihr kommen. Erschöpft raffte ich mich noch einmal hoch. Klein-Mari zog mich hinter sich her.
Als wir durch die Bäume, den Abhang hinunter, auf den Felsen über der Mühle rutschten, wartete Wilhelm bereits auf uns. Auch er streckte mir seine Hand entgegen und zog mich auf meine zitternden Beine.
Es tat so unheimlich gut, Wilhelm zu sehen und seine Hand in meiner zu spüren. Er lächelte mich mit seinem spitzbübischen Grinsen an, das ich so sehr vermisst hatte.
„Möchtest du fliegen, Mari-Luis?", fragte er.
Ja! Ich wollte fliegen! So, als wären wir noch Kinder, so wie damals, nur höher und weiter.
Wir hielten uns an den Händen, Wilhelm und Klein-Mari und ich und traten zur Felskante. Ohne uns loszulassen, breiteten wir die Arme weit aus.
Und dann flogen wir …

Stille – samtene Dunkelheit

Dunkel und friedlich ist es um mich herum. Ich spüre keinen Schmerz, keine Verzweiflung und keine Leere mehr.

Alles Zeitgefühl ist verschwunden. Liege, sitze oder stehe ich erst seit ein paar Momenten oder schon ganze Jahre in diesem Frieden?

Ganz sacht beginnt sich das Dunkel zu verändern. Ein schwacher Lichtschein glimmt auf und wird beständig heller. Langsam kristallisiert sich meine Umgebung aus dem Schatten heraus.

Vor mir, auf den Steinen vor dem Mühlenweiher, liegt meine zerschundene Hülle.

Ich streiche ihr dankend über die Locken und verabschiede mich von ihr. Dann wende ich mich ab, mache dem Müller und seinem Gesellen Platz, die mit entsetzten Gesichtern herbeieilen.

Wilhelm und Klein-Mari sind ganz in meiner Nähe. Sie leuchten im hellen Schein, werden mehr und mehr eins mit ihm. Sie winken mich zu sich. Schon gehe ich ihnen entgegen, um mit ihnen in dieses Licht hineinzutauchen, als mir plötzlich bewusst wird, dass Johanna nicht da ist.

Ohne mein Kind kann und werde ich nicht gehen! Ich wirble herum, weg von Klein-Mari und Wilhelm, meiner Hülle zu, an der sich der Müller rufend zu schaffen macht und ihr auf die Wangen klopft.

Johanna kann ich weder dort noch in der Nähe entdecken.

Und während ich fieberhaft die Umgebung nach Johanna absuche, schwindet das Licht und nimmt Klein-Mari und Wilhelm mit sich.

Ich suche überall. Im Dorf, in den umliegenden Häusern, auf der Mühle, in der Schule. In jeden Kinderwagen schaue ich hinein, in jedes Bettchen. Ich halte Ausschau nach blonden Locken.

Vergebens. Johanna finde ich nicht.

Nur einen Ort scheue ich mich aufzusuchen. Vaters Hof. Johanna wird bestimmt nicht dorthin gegangen sein, denke ich.

Erst als alles Suchen erfolglos bleibt, fasse ich mir ein Herz und kehre auf den Hof zurück.

Ich weiß nicht, wie viele Jahre inzwischen vergangen sind. Es müssen einige gewesen sein. Die Veränderungen auf dem Hof spüre ich deutlich.

Kummers Judith sitzt auf der Bank unter den Nussbäumen, dort, wo ich mich einst von Hermann verabschiedet habe, und gibt ihrem Kindlein die Brust. Und da sind auch noch weitere, größere Kinder. Sie spielen Fangen. Ich sehe mir alle an. Keines davon ist meine Johanna.

Ich werfe einen raschen Blick auf Vater. Er wird von Klara gefüttert und starrt nur noch vor sich hin. Ob Jakobs Schläge an jenem Tag für Vaters Zustand verantwortlich sind? Ich weiß es nicht.

Aber da ich Johanna hier tatsächlich nicht finde, ziehe ich mich wieder ins Dunkel zurück.

Das nächste Mal, als ich auftauche, erkenne ich im Dorf, in der Schulstube, Hermann. Er unterrichtet die Kinder.

Ich folge ihm in die kleine Wohnung über der Schule, in der er mit seiner Frau lebt. Die beiden umgeben sich mit Geschichten. Durch ihre Wohnung schwebt das stille Knistern umgeblätterter Seiten, das mir einst in unserer Kammer so tröstlich erschienen ist.

Rastlos ziehe ich umher. Immer auf der Suche. Ich bin auf der Mühle, den Höfen, in den Häusern und der Schule. Überall dort, wo Kinder sind. Auch Jakobs Hof besuche ich nun ab und zu.

„Ich habe vom Luisli geträumt", höre ich Jakob eines Morgens zu Judith sagen. Er hat graue Strähnen im Haar.

Ich sehe ihn versonnen lächeln. „Sie würde jetzt sagen: ‚Ich heiße Mari-Luis'", stellt er fest.

„Dann solltest du vielleicht beginnen, sie Mari-Luis zu nennen", erwidert Judith.

Er nickt.

„War es ein guter Traum?", fragt sie.

„Ich kann mich nicht erinnern", antwortet er und runzelt angestrengt die Stirn, als könnte er die sich bereits auflösenden Traumfäden festhalten, dann lässt er sie ziehen. „Ich wünsche mir so sehr, dass sie ihren Frieden gefunden hat."

Ich denke über Jakobs Worte nach. Habe ich Frieden gefunden? Ich kann es nicht sagen.

Zwar bin ich weder traurig noch glücklich, mir ist weder kalt noch warm, ich weiß nicht einmal, ob ich wach bin oder träume. Oft ziehe ich mich in diese friedliche Dunkelheit zurück, mit der alles angefangen hat. Und wenn ich wieder daraus auftauche, stelle ich fest, dass die Menschen viel älter geworden oder sogar gestorben sind. Dann ziehe ich wieder rastlos umher, schaue mir jedes Kind an, das ich noch nicht gesehen habe. Suche meine Johanna.

Solange ich sie nicht gefunden habe, werde ich diesen Frieden, den Jakob meinte, nicht finden können.

Epilog

Ich verstumme. Meine Geschichte ist erzählt.

Die Geschichtensammlerin hat mich nicht unterbrochen. Sie sitzt noch immer auf dem Stuhl, den Kopf geneigt. Ob sie eingeschlafen ist? Eben will ich mich leise davonstehlen, als sie den Kopf hebt.

Verwundert sehe ich sie Tränen aus dem Gesicht streichen.

„Du suchst deine Johanna also schon so lange?", fragt sie.

Ich zucke mit den Schultern. „Ich weiß nicht, was lang ist."

„War das Licht, das dich abholen wollte, all die Zeit nie mehr bei dir?"

Ich überlege angestrengt. „Doch", antworte ich schließlich. „Ich habe das Licht öfters gesehen. Und auch Wilhelm und Klein-Mari."

„Warum bist du nicht mit ihnen gegangen?"

„Wie könnte ich, ohne mein Kind?"

„Johanna ist möglicherweise bereits dort."

Ich schüttle den Kopf, obwohl die Frau das nicht sehen kann. „Nein", sage ich bestimmt. „Ich habe sie auf der Treppe gesehen. Sie ist hinuntergepurzelt und ich sah sie auch, als sie mit dir am Bach entlang gehüpft ist. Aber jetzt ist sie nicht mehr da."

„Du meinst die kleine Jana?"

„Sie heißt Johanna."

„Wir nennen sie Jana."

„Wie kann das sein?", frage ich verwirrt. „Wie kann Johanna einen anderen Namen haben?"

„Und wenn es nicht deine Johanna ist?", fragt mich die Geschichtensammlerin sanft.

„Sie muss es sein."

„Die kleine Jana kommt mit ihren Eltern heute noch einmal hierher, zum Frühstück", sagt die Frau.

Freude durchströmt mich. Ich werde meine Johanna also wiedersehen und dann werde ich sie nie mehr verlassen.

Langsam erwacht die Mühle. Die Schläfer stehen auf.

Und tatsächlich. Eine von diesen selber fahrenden Kutschen, die Autos genannt werden, fährt vor. Die junge Frau, die Johanna nach dem Sturz von der Treppe getröstet hat, und ein Mann steigen aus. Sie heben zwei Kinder heraus. Das eine ist noch ganz klein, das andere ist meine Johanna.

Ich eile aus dem Haus, meinem Kind entgegen.

Die Geschichtensammlerin hält mich mit den Worten zurück: „Sieh dir die kleine Jana an. Bist du ganz sicher, dass es Johanna ist?"

Natürlich bin ich mir sicher! Ihre Locken gleichen den meinen, und Johannas Lachen ist unverkennbar. Genauso habe ich sie mir stets vorgestellt.

„Schau hin", weist mich die Frau noch einmal an.

Ich zwinge mich, Johanna prüfend zu betrachten. Sie geht an der Hand der jungen Frau in das Haus hinein, das ich eben verlassen habe.

Ja, das Kind sieht genau wie meine Johanna aus, nur ... irgendetwas ist anders. Ich kann nicht genau sagen, was es ist. Es ist nur ein Gefühl. Ein Gefühl, das jetzt, da mich die Geschichtensammlerin darauf aufmerksam gemacht hat, stärker wird. Zweifel und Unsicherheit steigen in mir auf.

Ob es an ihren Augen liegt, die ein kleines bisschen zu hell sind? Oder ist es die leise Erkenntnis, dass meine Johanna mich sehen und sich nicht vor mir erschrecken würde? Könnte es darum sein, dass auch dieses Kind nicht Johanna ist?

So sehr habe ich mir gewünscht, Johanna zu finden und bei ihr zu sein. Aber nun muss ich mir eingestehen, dass ich mich wahrscheinlich geirrt habe.

Enttäuscht will ich mich in die Dunkelheit zurückziehen, als die Geschichtensammlerin zu mir sagt: „Johanna wartet auf dich. Schau nur!" Sie deutet über den Bach zu den Felsen, dort, wo einst meine zerschundene Hülle gelegen hat.

Aber da sind keine Felsen mehr. Ein Lichtermeer, so hell, dass es meine Augen blendet, ergießt sich über den Bach bis vor meine Füße. Mein Blick wird magisch angezogen von dieser Helligkeit. Etwas bewegt sich darin. Nach und nach schälen sich zwei Gestalten aus dem Licht heraus und kommen mir entgegen.

Die größere der beiden erkenne ich sofort an ihrem Stoppelhaar. Es ist Wilhelm, und neben ihm geht Klein-Mari.

Wie ich mich freue, die beiden zu sehen!

Von ihnen verdeckt, mache ich noch weitere Gestalten schemenhaft aus. Wilhelm und Klein-Mari treten etwas zur Seite.

Ich kann es kaum fassen. Klara, Hermann und Jakob lächeln mir entgegen. Schon will ich auf sie zu eilen, da sehe ich etwas abseits auch Mutter stehen. Genauso wie die andern leuchtet auch sie im hellen Licht.

Ich erwidere ihren Blick und stelle dabei mit leisem Erstaunen fest, dass keine Angst vor ihr mir mehr die Kehle zuschnürt. Und während wir uns ruhig in die Augen sehen, erkenne ich unvermittelt alle Zusammenhänge. Klar sehe ich, dass alles einem höheren Plan folgt. Nichts geschieht umsonst, und alles, was Mutter und ich – ja, alles, was jeder, der meinen Lebensweg begleitet hat – mit mir geteilt hat, dass das alles mich genau hierher führte, wo ich jetzt stehe. Alles hat seinen Sinn und alles ist gut.

Und mit dieser Erkenntnis begreife ich auch, dass ich Johanna an den völlig falschen Orten gesucht habe, dass sie, genau wie Wilhelm und Klein-Mari, stets bei mir gewesen ist und ich sie nur dadurch nicht wahrnehmen konnte, weil ich nicht verstanden habe, dass alles zusammengehört und alles eins ist.

Noch einmal blicke ich meiner Mutter in die Augen, bevor ich mich wieder meinen Geschwistern zuwende.

Und tatsächlich! Da, mitten unter ihnen, da sehe ich sie.

Sie hüpft mir entgegen. Ihre Locken tanzen, und ihr helles, fröhliches Lachen erklingt.

Mein Herz klopft laut und aufgeregt.

Ich gehe in die Knie und breite meine Arme weit aus. Und dann ist sie bei mir und wirft sich in meine Arme.

Meine Johanna, mein Mädchen! Ich rieche an ihrem duftenden Haar und bade in ihrer Nähe.

Ein warmes Gefühl durchströmt mich, wie ich es noch nie zuvor erlebt habe.

Wilhelm und Klein-Mari knien sich zu uns. Auch die anderen sind ganz nah. Wir halten uns fest. So fest wir können.

Das Licht umhüllt uns, durchdringt uns, bis wir selber eins mit dem Licht werden.

Mein Herz fließt über vor Liebe, und obgleich mir dieses Gefühl bisher fremd war, erkenne ich es sofort.
   Ich bin endlich, endlich glücklich.

Herzlichen Dank

Von Herzen danke ich allen lieben Menschen, die in irgendeiner Weise bei der Geburt dieses Buches geholfen haben.

Meiner Mutter und meiner Schwester Jutta danke ich ganz herzlich für das wiederholte Korrigieren und das Motivieren und dafür, dass sie mich auf alle Ungereimtheiten in der Geschichte aufmerksam gemacht haben.

Meinen Kindern Katja, Andrea, Natalie und Dominik danke ich fürs geduldige Zuhören und Begleiten während meines Schreibprozesses ebenso wie fürs Probelesen.

Allen meinen Testlesern, Gertrud, Diana, Yael, Denise B., Simone, Tanja, Romi, Kathrin, Denise H., Anita, meinem Vater und Tobias bin ich sehr dankbar für ihre Feedbacks und motivierenden Gedanken.

Dem gesamten Novum Verlag danke ich für das Lektorat, die Gestaltung des Covers und der Werbetexte. Mit Frau Monika Grandits bekam ich eine herzliche und geduldige Ansprechperson, bei der ich mich gut aufgehoben gefühlt habe und mein Manuskript stets in den besten Händen wusste.

Die Autorin

Die 1968 geborene Karin Jörger feierte 2007 mit der Veröffentlichung des Märchen-Romans „Die Regenbogenbrücke" ihren ersten Erfolg als Autorin. Heute lebt sie in Engishofen, ihre 4 Kinder sind erwachsen und sie meldet sich mit der dramatischen Erzählung „Möchtest du fliegen, Mari-Luis?" zurück. Sie schafft es, den Leser in die Handlung einzulullen und ihn mit ihren Worten emotional zu berühren. Mit der kleinen Mari-Luis kreiert sie eine außergewöhnlich charakterstarke Protagonistin, die gegen alle Erschwernisse des kleinbürgerlichen 18. Jahrhunderts der Schweiz ankämpft. Karin Jörger ist gelernte Fotoverkäuferin und genießt lange Waldspaziergänge, was ihre Liebe für das Detail und die Vielschichtigkeit ihrer Erzählung erklärt.

novum VERLAG FÜR NEUAUTOREN

Der Verlag

„ *Wer aufhört besser zu werden, hat aufgehört gut zu sein!*

Basierend auf diesem Motto ist es dem novum Verlag ein Anliegen neue Manuskripte aufzuspüren, zu veröffentlichen und deren Autoren langfristig zu fördern. Mittlerweile gilt der 1997 gegründete und mehrfach prämierte Verlag als Spezialist für Neuautoren in Deutschland, Österreich und der Schweiz.

Für jedes neue Manuskript wird innerhalb weniger Wochen eine kostenfreie, unverbindliche Lektorats-Prüfung erstellt.

Weitere Informationen zum Verlag und seinen Büchern finden Sie im Internet unter:

www.novumverlag.com

Bewerten Sie dieses Buch auf unserer Homepage!

www.novumverlag.com